TEXTES DE LA RENAISSANCE
sous la direction de Jean-Charles Monferran
127

Le Songe de madame Hélisenne

Cet ouvrage a été publié pour la première fois en 2007
dans la collection *Textes de la Renaissance* dirigée par Claude Blum.

Hélisenne de Crenne

Le Songe de madame Hélisenne

Édition critique par Jean-Philippe Beaulieu
et Diane Desrosiers-Bonin

PARIS
CLASSIQUES GARNIER

Jean-Philippe Beaulieu est professeur de littérature de la Renaissance à l'université de Montréal. Ses travaux portent sur l'émergence de l'écriture des femmes aux XVIe et XVIIe siècles. Il a coédité *Songe* d'Hélisenne de Crenne et dirigé l'ouvrage collectif *D'une écriture à l'autre. Les femmes et la traduction sous l'Ancien Régime.*

Diane Desrosiers est professeure à l'université McGill où elle enseigne la littérature française du XVIe siècle. S'intéressant à la rhétorique polémique des réformateurs français avant Calvin et plus particulièrement à la construction de l'*ethos* dans les textes de cette période, elle a publié plusieurs articles consacrés à la rhétorique féminine des XVIe et XVIIe siècles.

Réimpression de l'édition de Paris, 2007.

ISBN 978-2-406-12844-1 (livre broché)
ISBN 978-2-8124-5516-2 (livre relié)
ISSN 1262-2842

REMERCIEMENTS

Éminente spécialiste d'Hélisenne de Crenne, Christine de Buzon a participé aux séances de travail qui ont mené à l'établissement du texte. Nous lui sommes très reconnaissants de cette précieuse contribution et des conseils amicaux qu'elle nous a prodigués.

Pour leurs divers apports au travail éditorial, nous remercions chaleureusement Christine Cossette, Philippe Michaud et Virginie Dufresne. Merci également à Sabrina Vervacke de nous avoir si aimablement fourni la documentation relative au *Grand Olympe*.

Ce travail d'édition a été rendu possible grâce au soutien financier du Conseil de recherches en sciences humaines du Canada (CRSH) et du Fonds québécois de recherche sur la société et la culture (FQRSC, anciennement FCAR).

INTRODUCTION

Dernier volet du triptyque que constituent les œuvres d'Hélisenne de Crenne[1], le *Songe* paru chez Denis Janot en 1540 reste l'ouvrage le moins lu et le moins commenté de cet ensemble. En effet, en dehors de la section que lui consacre Diane Wood dans sa monographie[2] et des articles signés par Robert Cottrell et Diane Desrosiers-Bonin dans le récent collectif consacré à Hélisenne de Crenne[3], on ne trouve que très peu de références au *Songe* dans les études critiques. Cela s'explique probablement par la forte coloration morale de l'ouvrage, ainsi que par l'emploi du songe allégorique, une forme qui semble opérer un retour vers le passé. Alors que les *Epistres familieres et invectives* de 1539 paraissent tournées vers l'avenir, par leur usage d'une trame narrative qui informe les dix-huit épîtres en prose, le *Songe* s'engage dans la voie – très fréquentée au Moyen Âge – d'un récit à la première personne qui s'autorise de son caractère onirique pour déployer un appareil didactique et érudit très fourni. On ne s'étonnera

---

[1] S'ajoute à ce triptyque la traduction qu'Hélisenne propose en 1541 des quatre premiers livres de l'*Énéide* de Virgile.

[2] Diane S. Wood, *Hélisenne de Crenne. At the Crossroads of Renaissance Humanism and Feminism*, Madison (Wisconsin) et Teaneck (New Jersey)/Londres, Fairleigh Dickinson University Press/Associated University Presses, 2000, p. 106-118.

[3] Robert D. Cottrell, « *Le Songe* d'Hélisenne de Crenne », dans *Hélisenne de Crenne. L'écriture et ses doubles*, Jean-Philippe Beaulieu et Diane Desrosiers-Bonin (dir.), Paris, Honoré Champion, 2004, p. 217-240 [traduction de « Hélisenne de Crenne's *Le Songe* », dans *Women Writers in Pre-Revolutionary France : Strategies of Emancipation*, Colette H. Winn et Donna Kuizenga (dir.), New York/Londres, Garland, 1997, p. 189-206] ; Diane Desrosiers-Bonin, « L'architecture exégétique du *Songe* d'Hélisenne de Crenne », dans *Hélisenne de Crenne. L'écriture et ses doubles*, ouvr. cité, p. 241-250.

donc pas de constater que ce texte est le plus savant du corpus hélisénien[4], mais aussi le plus répétitif, puisque les effets de dédoublement qui caractérisent l'écriture d'Hélisenne[5] s'y trouvent concentrés dans la structure même du texte, où trois dialogues successifs reprennent sensiblement les mêmes enjeux en en élargissant toutefois la portée.

La présente édition du *Songe*, qui reproduit le texte de 1540 éclairé par les éditions ultérieures et par un substantiel appareil de notes, permettra au lecteur de formuler sa propre opinion quant à un ouvrage qui, s'il est, parmi les textes d'Hélisenne, le plus éloigné de la sensibilité moderne, représente probablement, par le genre utilisé et la matière débattue, l'expression la plus nette d'une aspiration auctoriale au statut d'humaniste[6]. Notre édition marque la fin du cycle de la publication du triptyque hélisénien, entrepris par la librairie Honoré Champion, et qui a vu la parution des *Epistres familieres et invectives* en 1996 (édition préparée par Jerry Nash) et celle des *Angoysses douloureuses* en 1997 (édition procurée par Christine de Buzon).

HÉLISENNE DE CRENNE

En dépit de l'intérêt que son œuvre suscite depuis quelques années, Hélisenne de Crenne reste une figure énigmatique. Ce nom serait-il un pseudonyme masquant l'identité d'un homme

---

[4] À ce sujet, voir Jean-Philippe Beaulieu et Diane Desrosiers-Bonin, « Allégorie et épistolarité : les jetées de l'érudition féminine chez Hélisenne de Crenne », *Revue d'histoire littéraire de la France*, vol. XCIX, n° 6, 1999, p. 1160 et suiv.

[5] Jean-Philippe Beaulieu et Diane Desrosiers-Bonin, « Les jeux du même, de l'autre et du multiple chez Hélisenne de Crenne », dans *Hélisenne de Crenne. L'écriture et ses doubles*, ouvr. cité, p. 12-13.

[6] À ce sujet, voir les propos de Robert D. Cottrell, « *Le Songe* d'Hélisenne de Crenne », art. cité, p. 238-239.

écrivain ou, comme c'est le cas de Jeanne Flore[7], celle d'auteurs multiples ? L'unité stylistique du corpus textuel attribué à Hélisenne semble écarter la seconde hypothèse. Quant à la première, on attend toujours des preuves infirmant l'attribution désormais traditionnelle de ces textes à une certaine Marguerite Briet, épouse de Philippe Fournel, sieur de Crenne. Depuis le début du XXe siècle, on estime en effet que le nom de plume d'Hélisenne a été adopté par Marguerite Briet, femme de la petite noblesse picarde[8] dont nous pouvons supposer, grâce à quelques documents à caractère légal, qu'elle est née vers 1500 et morte peu après 1552. Ce qui a le plus retenu l'attention des historiens est l'évocation d'une séparation avec son mari dans laquelle on a vu des reflets de l'amour adultère qui fait l'objet du premier texte publié en 1538 : les *Angoysses douloureuses qui procedent d'amours*. C'est d'ailleurs ce qui a donné lieu à des lectures autobiographiques de ce roman, comme si ce dernier pouvait éclairer l'existence de l'auteure[9]. Des études récentes ont cependant montré les dangers d'une telle pratique qui enferme le texte dans une lecture péchant par son anachronisme. Par ailleurs, s'ils accordent peu d'importance à la personne réelle d'Hélisenne de Crenne, bon nombre de commentateurs, frappés par l'expression soutenue d'un point de vue féminin dans les textes en question, y ont vu l'indice de l'identité féminine de

---

[7] Au sujet des hypothèses les plus récentes sur Jeanne Flore, on consultera *Actualité de Jeanne Flore*, sous la dir. de Diane Desrosiers-Bonin et Éliane Viennot avec la coll. de Régine Reynolds-Cornell, Paris, Honoré Champion, 2004.

[8] Pour un résumé de l'histoire de cette attribution, voir l'introduction par Christine de Buzon de son édition des *Angoysses douloureuses qui procedent d'amours*, Paris, Honoré Champion, 1997, p. 9-11. Toutes les références aux *Angoysses* renverront à la pagination de cette édition.

[9] Janine Incardona explique le problème des indices à caractère autobiographique dans « *Les Angoysses douloureuses qui procedent d'amours*, une vision ambiguë de l'amour », *Renaissance, Humanisme, Réforme*, vol. XXII, n° 42, 1996, p. 7-10.

l'auteure. En effet, la figure d'Hélisenne, tout à la fois auteure, narratrice et personnage, joue un rôle central dans les trois écrits, colorant fortement leurs différents aspects. Que cette figure soit fictive ou non, elle impose un discours sur la femme et par la femme, en mettant au premier plan des préoccupations que la narration assume de façon conséquente et systématique. De ce point de vue, le corpus hélisénien doit être considéré comme le théâtre d'une projection identitaire qui, en cette période d'émergence de la modernité, laisse entrevoir une silhouette de femme dont l'activité discursive – authentique ou non – s'impose (sans les effets parodiques ou de mise à distance quant à la présentation de la parole féminine que l'on trouve dans des textes comme les *Évangiles des Quenouilles*). Bref, si l'on peut avec raison s'interroger sur l'identité véritable de l'auteur, comme le fait Anne Réach-Ngô[10], il faudrait des arguments matériels et textuels probants pour contrer l'impression d'homogénéité qui se dégage de cet ensemble d'ouvrages, en dépit des effets de « marqueterie »[11] dont témoigne celui-ci, conformément aux pratiques de composition de l'époque.

LE CORPUS HÉLISÉNIEN ET SES SOURCES

Le corpus hélisénien se compose de quatre écrits publiés en rafale entre 1538 et 1541, tous chez Denis Janot, à Paris :

- *Les Angoysses douloureuses qui procedent d'amours* (privilège daté du 11 septembre 1538) ;

[10] Dans la thèse qu'elle vient de soutenir, Anne Réach-Ngô voit, dans la production hélisénienne, le résultat d'un « canular éditorial » (*La Mise en livre des narrations de la Renaissance. Écriture éditoriale et herméneutique de l'imprimé*, thèse de doctorat, Paris, Université de Paris IV-Sorbonne, 2005, troisième partie, p. 386-530).

[11] L'expression est proposée par Paule Demats dans son édition des *Angoysses douloureuses qui procèdent d'amours (1538). Première partie*, Paris, Les Belles Lettres, 1968, p. xxiv.

- *Les Epistres familieres et invectives* (privilège du 18 octobre 1539) ;
- *Le Songe de madame Helisenne* (1540 ; privilège lui aussi daté du 18 octobre 1539) ;
- *Les Quatre Premiers Livres des Eneydes* (privilège du 8 mars 1541).

Ayant connu un succès tel qu'ils furent réunis dans un recueil d'*Œuvres*, à partir de 1543 et jusqu'en 1560[12], les trois premiers textes ont en commun des traits thématiques, stylistiques et rhétoriques qui ont déjà fait l'objet de commentaires. À plusieurs égards, les trois écrits modulent, dans des cadres formels différents, des préoccupations analogues relativement au désir adultère et, plus généralement, aux relations entre les hommes et les femmes. À l'exception des deuxième et troisième parties du récit de 1538[13], la perspective narrative est féminine et généralement associée, dès les pièces liminaires, à une finalité délibérative qui passe, dans les *Angoysses* et le *Songe*, par une démonstration exemplaire ou contre-exemplaire[14]. Dès sa page de titre, le *Songe* se propose d'« instiguer toutes personnes de s'alliener de vice, et s'approcher de vertu », en donnant « certaine evidence des perilz qui de vie lascive et voluptueuse nous surviennent », tout en faisant « congnoistre la beatitude qui de vie bonne et vertueuse nous succede » (*Songe*, 1540, f. A iiii r°). Ce pro-

---

[12] Il s'agit de l'une des premières utilisations du terme « Œuvres » pour désigner la réunion des textes d'un même auteur contemporain. Voir Anne Réach-Ngô, « De l'espace du livre à l'espace de l'œuvre : la consécration du fait littéraire à la Renaissance », dans *Le Livre et ses espaces multiples*, Marc Perelman et Alain Milon (dir.), Paris, Presses universitaires de Paris 10, à paraître.

[13] Notons également que la treizième épître familière et la deuxième lettre invective du recueil publié en 1539 sont attribuées à des scripteurs masculins.

[14] Pour une étude approfondie de cet aspect des *Angoysses*, voir Marie-Claude Malenfant, *Argumentaires de l'une et l'autre espèce de femme. Le statut de l'*exemplum *dans les discours littéraires sur la femme (1500-1550)*, Québec, Les Presses de l'Université Laval, 2003, p. 422-463.

gramme fait l'objet d'un traitement complexe mettant en scène, dans la tradition du songe sur laquelle nous reviendrons, le personnage-narrateur d'Hélisenne qui, pendant son sommeil, assiste – et finit par participer – à trois discussions successives, dont le contenu et l'expression renvoient souvent aux deux écrits antérieurs d'Hélisenne, tissant un réseau de liens intertextuels que notre annotation du *Songe* met en lumière. Il peut s'agir de passages directement empruntés ou plus simplement d'allusions à la situation de certains personnages des *Angoysses*. Par exemple, les mauvais traitements que subit la Dame amoureuse (f. D r°) évoquent ceux que le mari d'Hélisenne inflige à celle-ci dans le roman. Autre exemple, la surveillance étroite dont fait l'objet la Dame amoureuse (f. D iiii r°) n'est pas sans rappeler l'enfermement d'Hélisenne à la fin de la première partie des *Angoysses*.

On a déjà affirmé que, de manière récurrente, les écrits d'Hélisenne font appel à un ensemble de sources communes qui fournissent des fragments que l'auteure a combinés grâce à un minutieux travail de composition, intégrant à une structure textuelle originale des emprunts qui se révèlent le plus souvent ponctuels[15]. Le *Songe* n'échappe pas au principe de la *copia*, omniprésent à la Renaissance, puisque nous avons pu identifier de nombreux emprunts aux mêmes sources que les *Angoysses*, surtout en ce qui a trait aux références mythologiques :

- *Flammette. Complainte des tristes amours de Flammette a son amy Pamphile* de Boccace (Lyon, Claude Nourry, 1532) ;
- *Dialogue treselegant intitule le Peregrin* de Jacopo Caviceo (traduction par François d'Assy, Paris, Galliot du Pré, 1528) ;

[15] Voir les propos de Christine de Buzon dans son introduction aux *Angoysses*, ouvr. cité, p. 31 et suiv.

- *Les Illustrations de Gaule et singularitez de Troye* de Jean Lemaire de Belges (Paris, Geoffroy de Marnef, 1511-1513) ;
- *Le Grand Olympe des hystoires poetiques* (Lyon, Denis de Harsy, 1532).

Au sujet de ces deux derniers ouvrages, Christine de Buzon suggère que le *Grand Olympe des hystoires poetiques* emprunte « de larges pans aux *Illustrations* »[16]. La publication du *Grand Olympe* est certes postérieure à celle des *Illustrations*, mais comme il s'agit d'une adaptation (sans le commentaire allégorique) de la *Bible des poëtes*, un incunable datant de la fin du XVe siècle, il conviendrait plutôt d'affirmer que c'est Lemaire de Belges qui a puisé dans cette banque textuelle ressortissant à la tradition de l'*Ovide moralisé*.

Dans le troisième volet du *Songe*, l'identification des sources devient plus difficile. Abandonnant le cadre mythologique privilégié jusque-là, le texte s'engage, lors du débat des figures allégoriques Raison et Sensualité, dans un registre marqué par la théologie et la réflexion morale. Par conséquent, on y trouve surtout des renvois aux textes bibliques, de même qu'aux écrits des Pères de l'Église (Jérôme, Augustin) et des théologiens médiévaux (Pierre Lombard, Thomas d'Aquin). Il y a lieu de se demander, face à la diversité et à la complexité de ces textes, si Hélisenne n'a pas puisé ses références dans une ou plusieurs sources médianes, des *compendia* qui auraient offert, en français plutôt qu'en latin, un ensemble synthétique de références. C'est ainsi que peut s'expliquer la présence, dans le *Songe*, de renvois en langue vernaculaire au *Corpus juris canonici*, registre du droit canon que l'auteure n'a vraisemblablement pas consulté de première main. Cette hypothèse reste à vérifier, d'autant que nos recherches sur les ouvrages de nature morale ou religieuse

[16] C. de Buzon, « Introduction », dans *Les Angoysses douloureuses qui procedent d'amours*, ouvr. cité, p. 32, note 4.

publiés par Janot avant 1540 n'ont guère été fructueuses. Ce n'est pas *Le Dialogue de consolation entre l'ame et la raison* (1537) de François Le Roy qui aurait inspiré le discours de Raison, pas plus que les divers recueils de dits moraux, comme *Le Manuel des vertus morales & intellectuelles* (1534) de Pierre Grosnet, *Les Dictz moraux des philosophes* (1531) de Guillaume de Tignonville ou *Le Livre de saigesse* (s.d.). De la même façon, les nombreuses citations ou références bibliques (tirées essentiellement des Psaumes et du Nouveau Testament) ne paraissent provenir ni de la Bible d'Olivétan, ni du Nouveau Testament de Lefèvre d'Étaples. On peut parfois sentir des inflexions ou tournures qui évoquent la Bible de Jean de Rely, mais rien n'est véritablement probant[17]. Nos notes proposent donc la traduction moderne de la Bible de Jérusalem. Qu'elle soit ou non de première main, l'érudition convoquée par le *Songe* est considérable ; notre annotation cherche à en signaler les filons principaux.

LE *SONGE* D'HÉLISENNE : DISPOSITION ET ARGUMENTATION

À l'instar des *Angoysses douloureuses* et des *Epistres*, mais en empruntant des modalités narratives différentes sur lesquelles nous reviendrons, le *Songe de madame Helisenne* donne lieu à la confrontation de plusieurs points de vue divergents. Dans le premier volet du triptyque, après avoir l'un et l'autre respectivement invoqué Vénus et Cupidon, l'Amant et

[17] L'un des passages les plus ressemblants est tiré de Mt 19, 27-28. Le texte du *Songe* se lit comme suit : « [...] je vous ditz en verité que vous qui avez tout habandonné et m'avez ensuyvy, en la regeneration quand sera assis le filz de l'homme au throne et siege de sa majesté, vous serez ses assesseurs comme ses conseilliers, jugeant avec luy » (f. K ii v°-K iii r°). Quant à la Bible de Jean de Rely, elle présente la formulation suivante : « Je vous dy vrayement que vous estes venus apres moy en la regeneracion quand le fils de lhomme sera au siege de majeste vous serez sur douze sieges jugeans les douze lignees disrael » (*Bible en francoiz*, Paris, Antoine Vérard, vers 1507, volume II, f. viii v°).

sa Dame se concertent pour identifier les moyens de pouvoir donner suite à leurs désirs. D'abord, la Dame amoureuse confie à son Amant sa résolution de se séparer de son époux pour pouvoir jouir de leurs amours. Mais, craignant la jalousie du mari, l'Amant pusillanime propose de différer cette décision et de recourir plutôt à l'échange de lettres. Chaque partie tente de convaincre l'autre du bien-fondé de son point de vue, en reprenant les arguments apportés par son interlocuteur afin de les réfuter un à un.

La Dame amoureuse explique que, malheureusement, elle a tardé à récompenser la loyauté de son serviteur en raison de Jalousie, personnification de son époux. Étant soupçonnée de s'entretenir avec son Amant, elle ne peut sortir de chez elle qu'accompagnée de Rapport. Elle éprouve donc une grande souffrance à être ainsi privée de liberté – ce sont ses propres mots – et elle a résolu de quitter son mari. L'Amant, de son côté, se réjouit d'abord que la Dame reconnaisse ses fidèles services, mais refuse le moyen que celle-ci lui propose. Il énumérera les dangers qu'une telle décision comporte. Il craint notamment que son rival ne la suive ou ne la fasse suivre (f. C 5 v°). Dans sa réponse, la Dame reprendra à son tour l'argument et le réfutera en disant que, si elle-même ne craint pas de telles représailles, alors son amant n'a pas non plus à les redouter. Puis, elle recourt à l'argument selon lequel rien ne pourrait lui causer plus de douleur que de reporter son départ et, ajoute-t-elle, même si la mort devait en résulter, ce serait un moindre mal que celui qu'elle éprouve et qui la fait souffrir « mil mortz » (f. C 7 r°). Elle reproche finalement à son amant de ne pas la croire lorsqu'elle lui décrit les souffrances qui l'affligent. Faisant appel au raisonnement par analogie, elle argue que, si l'Amant pouvait juger de sa douleur comme elle la sent, il se rangerait sans hésiter à son avis. Puis, elle fait appel à sa compassion et suggère enfin que l'aventure ne sera peut-être pas aussi périlleuse qu'il le croit. Elle clôt sa démonstration par une sentence fondée sur l'expérience commune : « c'est chose certaine, que toutes celles qui pechent, ne sont si promptement punies » (f. C 7 v°). Dans sa réplique, l'Amant répondra point par point à chacun des éléments du discours de la Dame. Chaque fois, il reformule l'argument que lui a servi son interlocutrice, avant de l'infirmer, souvent au moyen d'énoncés doxiques du genre : « la vie perdue, recouvrer ne se peult » (f. C 8 r°) ou « les choses futures par les preterites facilement se peuvent comprendre » (f. D r°). Or, ni l'un ni l'autre des deux amants ne parviendra finalement à convaincre son interlocuteur.

Après la conclusion de l'échange amoureux entre l'Amant et la Dame, celle-ci recourt à un ultime argument pathétique et dit à son interlocuteur préférer la mort plutôt que d'être séparée de lui. Cet appel à la pitié suscite la compassion de la narratrice-personnage Hélisenne qui prend alors la parole et intervient directement pour la première fois dans le *Songe* (f. D 5 r°). Ses exclamations ont tant de véhémence qu'elles provoquent l'apparition de la déesse Vénus. Hélisenne est donc touchée par les propos des amants (qui font écho à sa propre situation) et ses propres paroles émeuvent le cœur de la divinité. Vénus conseille à l'Amant de ne pas résister à l'inclination naturelle des jeunes gens pour l'amour. Au moment où la déesse s'apprête à quitter la scène, Pallas-Minerve surgit et exhorte l'Amant à suivre la troupe de ses disciples et à quitter les lieux en sa compagnie.

Dans le deuxième volet du *Songe*, usant surtout de promesses et de menaces à l'endroit des deux jeunes gens, Vénus et Pallas-Minerve font appel aux *exempla*, mythologiques évidemment, en conformité avec l'identité des deux personnifications féminines. Ainsi, Pallas-Minerve tente de convaincre l'Amant de ne pas céder à la « deceptive et frauduleuse [Vénus] avec son artificielle eloquence » (f. F ii r°), en lui remontrant que l'Amour est source de mort. Pour appuyer ses propos, elle se livre à l'énumération des amants qui ont perdu la vie en raison de l'amour :

> Recorde toy du grand Alchides : auquel l'amour d'Yolle fut cause d'ignominieuse mort. Rememore Leander et Hero : lesquelz furent submergez. Considere comment Pirrhus pour l'amour de Hermionne par Horeste le coup mortel receut. Te souvienne du gracieux Hyphis : qui pour Anaxaretes sa vie termina. Et Sapho, qui fist tant de carmes Liriques : et inventa les Saphicques vers : pour l'amour de Phaon, elle mesmes se precipita. (f. F iiii r°)

De la même façon, Vénus tentera de retenir l'Amant auprès d'elle en lui promettant le soutien de Jupiter. Suit une liste d'*exempla* tirés des compilations ovidiennes et illustrant les sévices que Junon a fait subir aux amantes de son époux et la réaction de celui-ci. Selon Vénus, Jupiter, lui-même victime des vexations de Jalousie, ne manquera pas de secourir l'Amant :

> Certes il [Jupiter] rememorera les persecutions que assiduelement luy ont faict les inveterées ymaginations de Juno. O maledicte jalousie, tu fuz jadis cause de transformer de telle sorte la fille de Inachus, que d'elle mesme elle s'espoventoit. O cruelle tu fuz occasion que la predicte Juno couvrit sa splendide deité en se monstrant à Semelle, luy donnant conseil de sa mort et extermination. O fascheuse, par toy fut la belle Calisto en une vieille ourse muée : et tant d'aultres maulx [...]. (f. F 6 r°-v°)

Un double renversement de situation se produit avec l'entrée en action de Cupidon. D'abord, à la demande de sa mère, il frappe de ses traits amoureux le jeune homme qui a méprisé l'amour et décoche ensuite une autre flèche qui, cette fois, rendra la Dame insensible à l'amour. Puis, celle-ci étant partagée un moment entre Raison et Sensualité, l'objet central du différend se transformera sensiblement. En effet, ce seront désormais les rapports égalitaires entre la femme et l'homme qui domineront le dialogue engagé entre Raison et Hélisenne. Le mode même d'argumentation différera : alors que les échanges se fondaient jusque-là presque exclusivement sur le raisonnement enthymématique et l'*exemplum*, dont le *Songe* lui-même fournit la première illustration, à partir du moment où la narratrice-personnage jusque-là témoin intervient directement auprès de Raison, ce seront les arguments d'autorité qui prévaudront, plus particulièrement les citations bibliques et les dits des Pères de l'Église.

Par rapport aux tactiques de Vénus et de Pallas-Minerve, qui parviennent successivement à rallier l'Amant à leur cause, le mode argumentatif change radicalement dans le troisième et dernier volet du *Songe* où l'Amant, répudié par la Dame, disparaît de la scène. Comme nous l'avons mentionné, l'apparition de Sensualité et de Raison coïncide avec l'immixtion dans le récit de la narratrice-personnage, alors qu'elle prie Raison de lui expliquer pourquoi les vertus rationnelles seraient un attribut exclusivement masculin. Tant dans la condamnation de Sensualité que dans le long sermon auquel elle se livre, Raison s'appuie d'abord et avant tout sur des arguments d'autorité, étayant ses assertions par des renvois constants à la Bible, surtout aux textes des Évangiles, et à la patristique, ce qui rompt totalement avec le type d'arguments utilisés jusque-là. Dans ce qui s'apparente à un exposé doctrinal systématique et littéralement truffé de références érudites, s'enchaînent par exemple le premier livre des *Sentences* du théologien médiéval Pierre Lombard, la *Somme théologique* de Thomas d'Aquin et le *De Trinitate* de saint Augustin (f. H 8 v°). Dans un autre passage visant à démontrer, selon un argumentaire dont la topique est des plus conventionnelles, que devant Dieu l'homme et la femme sont égaux, ce sont les citations bibliques qui s'accumulent :

> Nonobstant quant à l'ame, n'y aura difference de sexes en Paradis : car selon l'evangille sainct Matthieu chapitre. xxii. Ceulx qui resusciteront en leur sexe ne exerceront point l'office du sexe : mais leur a esté promise la semblance des Anges : et d'aulcuns auront plus grand

> gloire que les aultres. En la maison de mon pere, disoit le Redempteur, il y a diverses mansions. Et une estoille est differente en clarté à une aultre estoille, escript sainct Paul, ainsi est de la gloire des sainctz. (f. I iiii r°-v°)

À la différence de l'amant qui, persuadé par l'efficace rhétorique de Vénus puis celle de Pallas, obtempère successivement aux injonctions de l'une et l'autre divinités, avant d'être irrémédiablement subjugué par les fléchettes du silencieux Cupidon, la dame amoureuse résistera pour sa part aux envolées oratoires des deux déesses. Ni les suppliques de l'amant ni les conseils de Vénus, pas plus que les admonestations de Minerve-Pallas ne peuvent infléchir la volonté de la Dame. Dans la troisième partie du *Songe*, seules les paroles de Raison exerceront une emprise immédiate sur la Dame, désormais appelée non plus « Dame amoureuse » mais « Dame reduicte ».

Qu'est-ce qui confère alors aux propos de Raison une telle efficacité persuasive? En premier lieu, la prise de parole de Raison est quantitativement beaucoup plus importante que celle de la partie adverse, Sensualité étant presque réduite au silence. En effet, dans le troisième volet du *Songe*, seule Raison aura droit de parole. En second lieu, le bref discours de Sensualité sera rapporté en discours indirect, ce qui diminue d'autant la force de sa *pronunciatio*. Enfin, on se rappellera que, dans la troisième partie du *Songe*, au moment de l'apparition de Raison, l'argument formulé par Sensualité, à savoir que l'homme participe de la raison et la femme de la sensualité, avait fait bondir la narratrice-personnage Hélisenne. Pour la première fois dans le *Songe*, celle-ci était intervenue directement auprès de Raison pour lui demander quelque explication à ce propos. Or, le dénouement du *Songe* où la Dame se rend sans résister aux arguments de Raison montre, par l'exemple du récit lui-même, que la femme – tout comme l'homme – est conduite par la raison à laquelle elle obéit et qu'elle n'est pas soumise aux impératifs de la sensualité. L'enjeu n'est donc plus au premier chef celui de la seule chasteté de la femme, mais bien celui de sa valeur et de sa participation au même titre que l'homme aux activités rationnelles.

LA TRADITION LITTÉRAIRE DU *SOMNIUM*

Dès le titre qui fonctionne comme un indice générique, le *Songe de madame Helisenne* signale son appartenance à une longue tradition, sacrée et profane. Le songe enchâssé dans un récit plus vaste était déjà présent dans l'Ancien Testament[18], dans les littératures antiques, grecque et latine[19], ainsi que dans les chansons de geste médiévales[20]. Toutefois, le *Songe* d'Hélisenne de Crenne participe plus spécifiquement de la forme « littéraire » du songe-vision qui s'impose à partir du XIIIe siècle avec le cadre que Guillaume de Loris donne au

[18] On n'a qu'à penser aux songes prémonitoires de Daniel, de Jacob, de Joseph. Sur cette tradition biblique, voir Simon Légasse, « Songes-rêves. I. Écriture sainte », dans *Dictionnaire de spiritualité ascétique et mystique. Doctrine et histoire*, t. XIV, Paris, Beauchesne, 1990, p. 1054-1060. Pour un survol des visions dans les Saintes Écritures, on se reportera aux travaux d'A. C. Spearing, *Medieval Dream-Poetry*, Cambridge, Cambridge University Press, 1976, p. 12-14, et de Jacques Le Goff, « Le christianisme et les rêves (IIe-VIIe siècles) », dans *I Sogni nel medioevo*, Tullio Gregory (dir.), Rome, Edizioni dell'Ateneo, 1985, p. 171-218, plus spécifiquement la liste des rêves de l'Ancien Testament aux pages 216-218. On remarquera qu'il n'y a pas de songes de femmes dans la Bible. Pour un panorama très complet de l'oniromancie égyptienne, judaïque, gréco-romaine, arabo-islamique, byzantine et de l'Occident chrétien, on consultera avec profit l'excellente introduction que signe François Berriot dans son édition des *Exposicions et significacions des songes et Les Songes Daniel*, Genève, Droz, 1989.

[19] Voir, entre autres études, celle de Jacqueline Amat, *Songes et visions. L'au-delà dans la littérature latine tardive*, Paris, Études augustiniennes, 1985, et celle de Jean Bouquet, *Le Songe dans l'épopée latine d'Ennius à Claudien*, Bruxelles, Éditions Latomus, 2001.

[20] Pour un résumé clair et succinct de la réflexion sur le songe héritée de l'Antiquité et sa transmission au Moyen Âge, on consultera le premier chapitre de l'ouvrage d'Herman Braet, *Le Songe dans la chanson de geste au XIIe siècle*, Gand, Romanica Gandensia, 1975, p. 17-33.

Roman de la Rose[21]. Ce cadre-type connaît dans les siècles suivants une fortune considérable. Dans son ouvrage *Le Roman de la Rose au XIVe siècle. Étude de la réception de l'œuvre*, Pierre-Yves Badel en a recensé plus d'une cinquantaine d'exemples jusqu'au début du XVIe siècle[22]. En raison de sa thématique amoureuse, de la narration à la première personne et de son utilisation des abstractions personnifiées, le *Songe de madame Helisenne* s'apparente encore davantage au songe allégorique des Grands Rhétoriqueurs, pratiqué par Jean Molinet, Octovien de Saint-Gelais, Jean Lemaire de Belges et Jean Bouchet[23].

Comme le *Roman de la Rose* qui s'ouvre sur un renvoi au *Songe de Scipion* commenté par Macrobe[24], le *Songe de madame Helisenne* fait d'emblée référence à la dernière partie de l'ouvrage longtemps perdu de Cicéron, dont la traduction

---

[21] Alison M. Peden, « Macrobius and Mediaeval Dream Literature », *Medium Aevum*, vol. LIV, n° 1, 1985, p. 66.

[22] Pierre-Yves Badel, « Songes et apparitions », dans *Le Roman de la Rose au XIVe siècle. Étude de la réception de l'œuvre*, Genève, Droz, 1980, chapitre VII, p. 331-409.

[23] Françoise Joukovsky (éd.), *Songes de la Renaissance*, Paris, Christian Bourgois, coll. « 10/18 », 1991, p. 40. Voir aussi Giovanna Angeli, « Le type-cadre du songe dans la production des Grands Rhétoriqueurs », dans *Les Grands Rhétoriqueurs*, Milan, Vita e pensiero, 1985, p. 7-20, et François Cornilliat, « Aspects du songe chez les derniers rhétoriqueurs », *Renaissance, Humanisme, Réforme*, vol. XIII, n° 25, 1987, p. 17-37. Pour quelques études consacrées au songe sous l'Ancien Régime, on consultera l'ouvrage collectif *Songes et songeurs (XIIIe-XVIIIe siècle)*, Nathalie Dauvois et Jean-Philippe Grosperrin (dir.), Québec, Les Presses de l'Université Laval, 2003. Pour le siècle classique, l'étude de Florence Dumora, *L'Œuvre nocturne. Songe et représentation au XVIIe siècle*, Paris, Honoré Champion, 2005, est un incontournable.

[24] La mention du *Songe de Scipion* est fréquente dans cette tradition. Reprenant le début du *Somnium* de Jean de Legnano (1372), le *Songe du vergier* (1378) ainsi que le *Roman de la Rose* mentionnent Macrobe et son commentaire du *Songe de Scipion* de Cicéron. Le *Parlement of Foules* de Chaucer (vers 1380) s'ouvre sur un résumé de ce texte et les *Échecs amoureux moralisés* (vers 1400) y font abondamment référence. Christine de Pizan y fait aussi allusion au seuil de l'*Advision Cristine* (1405).

française avait paru en 1538 chez Denis Janot[25], l'éditeur de tous les écrits d'Hélisenne de Crenne. Dès les premières lignes adressées aux lecteurs, dame Hélisenne se propose, en effet, d'imiter en cette matière Cicéron, « prince d'eloquence latine » (f. A iii r°). De la même façon que la *République* de Platon se terminait avec la vision de l'au-delà d'Er le Pamphylien, l'ouvrage de Cicéron avait pour conclusion le rêve de Scipion, dont l'enjeu central était l'immortalité qu'acquiert l'homme vertueux. La finalité protreptique, c'est-à-dire d'incitation à la *virtùs*, était centrale dans ces deux textes. Cette dimension morale, au sens éthique du terme, en ce sens qu'elle a trait au comportement que l'homme et la femme doivent adopter pour parvenir au bonheur, est aussi actualisée sur le mode didactique de la fiction dans le *Songe de madame Helisenne*. Celui-ci comporte une nette visée délibérative que met en évidence le sous-titre de l'ouvrage[26] ; le texte liminaire du *Songe* lui-même réitère cette finalité édifiante. Le renvoi à l'œuvre de Cicéron a donc pour but d'authentifier en quelque sorte la vérité « philosophique » du récit, l'enseignement moral de la fable qui sera relatée par la scriptrice. Bien que, dans cette entrée en matière, la narratrice confère à son récit une apparente visée sotériologique comparable à celle du *Songe de Scipion*, les modalités narratives en sont fort différentes.

On n'y retrouve pas, par exemple, la composante essentielle du *Songe de Scipion*, c'est-à-dire la rencontre d'une personne décédée en position d'autorité, ici le père et le grand-père du

---

[25] À en juger par le nombre d'éditions et par cette traduction française, le *Songe de Scipion* connaît à l'époque un très grand succès. Plusieurs éditions sont publiées en version latine chez Josse Bade en 1515, 1516, 1519, 1524, puis chez Sébastien Gryphe en 1532 et en 1538. Voir Richard Cooper, « Bibliographie sommaire d'ouvrages sur le songe publiés en France et en Italie jusqu'en 1600 », dans *Le Songe à la Renaissance*, Françoise Charpentier (dir.), Saint-Étienne, Institut d'études de la Renaissance et de l'Âge classique/Université de Saint-Étienne, 1990, p. 255-271.

[26] Il s'agit d'un songe « […] apte à instiguer toutes personnes de s'alliener de vice, et s'approcher de vertu » (f. A r°).

héros éponyme qui font valoir à leur fils la survie de l'âme dans l'au-delà en lui indiquant la conduite à tenir pour y accéder, comme dans la *Comédie* de Dante (début XIVe siècle), le *Songe en forme de vision nocturne* de Marguerite de Navarre (vers 1524) ou le *Songe de Pantagruel* de François Habert (1542). Ces dialogues s'apparentent beaucoup par leurs thèmes et leur traitement au *Songe de Scipion*. Dans le *Dialogue en forme de vision nocturne* de Marguerite de Navarre, sa défunte nièce, la petite Charlotte, lui apparaît, répond à ses interrogations métaphysiques et lui parle de son salut par la foi. Dans le *Songe de Pantagruel* que publie François Habert, le père décédé de Pantagruel se manifeste à lui en songe et lui indique le chemin pour parvenir à la béatitude éternelle. Alors que ces œuvres rappellent la forme dialoguée et les grandes articulations du récit cicéronien, le *Songe de madame Hélisenne* est plus proche de la tradition du songe amoureux, dont il reprend la « stylisation "topique" »[27] et les actants.

En effet, dès le XIVe siècle, ce genre de récits présente un certain nombre de traits récurrents, relativement bien fixés : narrée à la première personne, en langue vernaculaire, sous forme versifiée ou en prose, la vision onirique met en scène un débat entre des personnages dotés de significations allégoriques. Se déroulant au printemps, dans un lieu des plus amènes, il porte sur les enjeux de l'amour et véhicule une finalité exemplaire. Le début et la fin obéissent à des conventions assez rigides ; ils sont respectivement marqués par l'assoupissement et le réveil du narrateur[28].

---

[27] L'expression « stylisation "topique" » est empruntée à J. Amat, dans *Songes et visions. L'au-delà dans la littérature latine tardive*, ouvr. cité, p. 10.

[28] « [L]'entrée en songe, de même que la sortie du songe, sont toujours et très minutieusement marquées, au point que l'on a pu parler d'une "grammaire des songes" » (Christiane Marchello-Nizia, « La rhétorique des songes et le songe comme rhétorique dans la littérature française médiévale », dans *I Sogni nel medioevo*, ouvr. cité, p. 246).

Le *Songe de dame Helisenne* développe sous la forme d'un long récit allégorique le rêve très bref que le personnage d'Hélisenne faisait dans les *Angoysses douloureuses* où, s'étant endormie, elle songeait qu'elle se trouvait avec son ami dans un « beau jardin plaisant et delectable » où les amants échangeaient des propos sur l'amour (p. 188-189). De façon plus générale, la diégèse du roman paru deux ans plus tôt constitue en quelque sorte le palimpseste sur lequel s'écrit le *Songe*. La narration en est assurée par le rêveur, ici le personnage-narrateur Hélisenne, c'est-à-dire une femme, comme dans le *Dialogue en forme de vision nocturne* de Marguerite de Navarre, l'*Advision Cristine* (1405) et le *Livre du chemin de long estude* (1403) de Christine de Pizan[29], ce qui est peu fréquent, le rôle de l'*Auctor* étant habituellement dévolu à un homme. Ainsi, dans le *Songe de la pucelle* (fin XVe siècle), dialogue versifié où Amour et Honte s'affrontent, la narratrice en confie la transcription à un « beau sire » qui sait lire et écrire (f. B iiii v°). Dans le *Songe de madame Helisenne*, il y a donc coïncidence entre plusieurs instances : l'instance éditoriale (dont le nom « Helisenne de Crenne » apparaît sur la page de titre) coïncide avec la narratrice du songe, c'est-à-dire celle qui transcrit le rêve (le « je » narrateur), la personne qui rêve (le « je » rêvant) et le personnage féminin « Helisenne » agissant dans le songe. Toutefois, ce personnage n'est pas le principal protagoniste des actions oniriques. D'abord spectatrice, elle n'intervient que ponctuellement dans le récit, comme nous le verrons ultérieurement.

Conformément à la syntaxe du genre, la narratrice situe d'abord le moment de l'année où se produit le songe. Comme le remarque Pierre-Yves Badel, « [...] dans un texte sur trois, l'introduction est associée au motif printanier, que ce soit sous

---

[29] Dans le *Livre de la mutacion de fortune* (1403) et le *Livre des trois vertus* (1405) de Christine de Pizan, la narratrice-personnage a une vision, mais il ne s'agit pas d'un songe au sens strict.

sa forme positive (la plus fréquente, avec éveil de la nature et chant des oiseaux) ou sous sa forme inversée (froid de l'hiver, silence et solitude) »[30]. Au tout début du *Songe*, la mention du printemps liée au signe du Bélier et à la déesse Cybèle fait écho à l'ouverture de la première partie des *Angoysses douloureuses*. Plusieurs songes se déroulent en cette saison propice aux amours et aux rêves véridiques, ceux-ci survenant surtout au mois d'avril, comme « Le songe de Pestilence »[31] ou celui plus connu de Poliphile[32]. À la différence de la plupart de ces textes, la narratrice ne précise pas le moment du jour ou de la nuit ni le lieu où elle s'endort. En revanche, elle insiste sur son état d'esprit troublé par l'amour lorsqu'elle s'assoupit enfin. Que ce soit par exemple dans le *Paradis d'amour* de Jean Froissart (1361-1362) ou dans le *Dit dou Vergier* de Guillaume de Machaut (avant 1342), les circonstances de l'endormissement sont rattachées aux pensées qui tourmentent le rêveur, l'empêchent d'abord de trouver le sommeil, puis orientent la teneur de son songe. Ainsi, dans le *Livre des trois vertus* de Christine de Pizan[33], la narratrice décrit l'état de fatigue dans lequel elle se trouve à la suite de la rédaction de la *Cité des dames*, alors que dans le *Livre du chemin de long estude*, se désolant d'avoir perdu son époux qu'elle aimait tant et de subir sans cesse les travers de Fortune, la narratrice trouve réconfort dans la lecture de la *Consolation de la philosophie* de Boèce.

---

[30] P.-Y. Badel, *Le Roman de la Rose au XIVe siècle*, ouvr. cité, p. 335.

[31] Ce songe politique est tiré du second livre du *Roy Modus et de la reine Ratio*, composé entre 1354 et 1376 ou 1377 (*Les Livres du roy Modus et de la royne Ratio*, Gunnar Tilander (éd.), Paris, Société des anciens textes français, 1932, vol. II, p. xlviii et p. 3).

[32] Francesco Colonna, *Le Songe de Poliphile*, traduction par Jean Martin [Paris, Kerver, 1546], Gilles Polizzi (éd.), Paris, Imprimerie nationale, 1994 [2004]. Voir aussi Patrice Alexandre *et al.*, *Hypnerotomachia Poliphili ou : le songe de Poliphile le plus beau livre du monde. Venise 1499/Paris 1546*, Auxerre, Bibliothèque municipale d'Auxerre, 2000, p. 19.

[33] Christine de Pizan, *Le Livre des trois vertus*, Charity Cannon Willard et Eric Hicks (éd.), Paris, Honoré Champion, 1989, p. 7.

Par la suite, minuit étant passé, elle se couche, l'esprit chargé de graves réflexions sur l'état du monde[34]. Le songe est donc perçu comme l'expression des inquiétudes qui agitent le rêveur, souvent recru de fatigue, avant qu'il ne cède au sommeil (comme Poliphile en proie à la passion qu'il éprouve pour Polia). Dans le *Songe de madame Helisenne*, le moment où celle-ci s'endort est très nettement distingué de l'état de veille et d'anxiété amoureuse qui précède. Il n'y a pas d'ambiguïté : la narratrice n'est pas à demi-éveillée ou à moitié endormie, comme dans le *Songe du vieil pelerin* de Philippe de Mézières (1386-1389), par exemple ; ce qu'elle décrit est directement et explicitement présenté comme un songe.

Ensuite, au moyen d'une formule elliptique, le personnage-narrateur est transporté en esprit dans un espace autre, onirique. Cependant, Hélisenne n'est pas conduite ni accueillie dans ce lieu par un guide. Ce déplacement spatial la mène seule dans un val qui réunit toutes les conditions du *locus amœnus*. Dans de nombreux songes allégoriques médiévaux, le personnage-narrateur visite divers endroits durant plusieurs jours. Ici, la scène se déroule en un seul lieu et sur une période de temps relativement brève. Puis, selon les modalités conventionnelles du songe, trois couples de personnages[35] quelque peu stéréotypés apparaissent successivement à Hélisenne. Alors que, le plus souvent, le rêveur observe silencieusement et sans intervenir les scènes qui s'offrent à lui dans les songes, la

---

[34] Christine de Pizan, *Le Livre du chemin de long estude*, Robert Püschel (éd.), Genève, Slatkine Reprints, 1974 [1887], p. 3-20.

[35] Cette tripartition est fréquente : on sait que Dante effectue une ascension des Enfers vers le Purgatoire, puis le Paradis. « Mézières visite successivement le monde, le royaume, la cour ; Christine rencontre la Dame Couronnée (la France), Opinion et Philosophie (*Avision*) ; elle entend Raison, Droiture et Justice (*Cité des dames*) […] » (P.-Y. Badel, *Le Roman de la Rose au XIV*e *siècle*, ouvr. cité, p. 335). Jean-Philippe Beaulieu a souligné l'omniprésence de ces structures textuelles tripartites dans les textes héliséniens (« Tripartitions dans l'œuvre d'Hélisenne de Crenne », dans *Hélisenne de Crenne. L'écriture et ses doubles*, ouvr. cité, p. 251-263).

narratrice Hélisenne qui, au départ, est un témoin passif devient bientôt un personnage agissant, commentant les affirmations des autres personnages et les interrogeant. Le *Songe de madame Helisenne* se présente, en effet, comme une succession de discours, une sorte de « moralité par personnages », « où, [une fois] les acteurs présentés, chacun d'eux vient au premier plan tenir les propos qu'implique le nom qu'il porte »[36].

À l'occasion du long débat qui se déploie en un triptyque, il y a d'abord « disputation » entre l'Amant et la Dame[37], puis entre Vénus et Minerve-Pallas[38], et finalement entre Sensualité et Raison[39], les uns et les autres cherchant à convaincre leur interlocuteur, mais surtout à persuader par ricochet le lecteur – disons plutôt les lectrices – de la conduite à tenir. En effet, informée par les traditions sacrée et profane du songe prémonitoire, la production onirique suppose une herméneutique, un déchiffrement du sens suggéré par la diégèse du

---

[36] P.-Y. Badel, *Le Roman de la Rose au XIVe siècle*, ouvr. cité, p. 409 et 407.

[37] Les premiers personnages qu'observe la narratrice du *Songe* rappellent notamment ceux de *La Belle Dame sans mercy* (1424) : l'Amant et sa Dame. Toutefois, leur échange amoureux se déroule selon un autre registre que celui du poème d'Alain Chartier. Le refus obstiné de la Dame devant les pressantes requêtes amoureuses de son serviteur cède ici la place aux conditions de la poursuite de leur amour.

[38] La confrontation entre Vénus et Pallas fait l'objet de plusieurs songes : *La Fonteinne amoureuse* de Guillaume de Machaut (1361), *L'Espinette amoureuse* de Jean Froissart (vers 1369), le poème des *Eschez amoureux* et son commentaire en prose (vers 1400), *etc.* Rappelons que les *Angoysses douloureuses* mettent également en scène pareille altercation entre les deux divinités (p. 501-502).

[39] Le personnage de Raison n'est pas sans évoquer celui de Dame Philosophie dans la *Consolation de la philosophie* de Boèce (524), œuvre souvent traduite et commentée en langue vulgaire, mais il renvoie plus directement au personnage de Raison dans le *Roman de la Rose* (XIIIe siècle), le *Songe véritable* (1406) et la *Cité des dames* (1405). Voir aussi, à ce propos, Susan Broomhall, « Tracing the Fortune of Lady Reason in the Sixteenth Century : Representation in Women's Prose Literature », *Nottingham French Studies* (« Fortune and Women in Medieval Literature », Catherine Attwood (dir.)), vol. XXXVIIII, n° 2, 1999, p. 159-169.

rêve et qui comporte fréquemment une valeur prédictive ou rétrospective. Or, dans le *Songe de madame Helisenne*, l'allégorie, plutôt que de susciter de la part du lecteur une exégèse postérieure ou parallèle au récit, se développe dans la structure même du texte qui donne successivement à voir les différents niveaux de signification : littéral, allégorique, tropologique, anagogique[40]. Par ailleurs, il ne s'agit pas d'un itinéraire initiatique comparable à celui du *Pèlerinage de vie humaine* de Guillaume de Digulleville (1330-1331[41]) ou à celui du *Songe d'Enfer* de Raoul de Houdenc (vers 1210), mais le *Songe de madame Helisenne* conserve l'idée d'une progression morale, celle que la Dame – non Hélisenne – effectue en se rendant aux arguments de Raison. Une fois la « conversion » de la Dame accomplie, un groupe d'entités personnifiant les vertus morales se joint à elle et à Raison : Chasteté accompagnée d'Honneur, Charité et Humilité, auxquels s'ajoutent Diligence et Abstinence, puis Vérité (qui lève tout doute quant à la chasteté de la Dame en dépit des calomnies dont elle a été victime) et enfin Paix. Puis, toute cette illustre compagnie disparaît. La finale du songe qui s'achève généralement à l'aube correspond habituellement au moment où le dormeur s'éveille. La tristesse qui envahit alors le personnage d'Hélisenne est si grande qu'elle provoque son réveil. Le moment de la journée ou de la nuit, le lieu ou la position du rêveur ne sont pas précisés. Toutefois, reconduisant les traditionnelles formules de conclusion du songe, Hélisenne souligne sa décision de consigner par écrit la teneur de son rêve.

Le dénouement de ce songe n'est pas dépourvu d'ambiguïté. Même si l'orthodoxie religieuse de la conclusion réitérant

---

[40] Pour la démonstration détaillée de ce déploiement des quatre sens dans la structure du *Songe*, on consultera l'article de Diane Desrosiers-Bonin, « L'architecture exégétique du *Songe* d'Hélisenne de Crenne », dans *Hélisenne de Crenne. L'écriture et ses doubles*, ouvr. cité, p. 241-250.

[41] La seconde rédaction du *Pèlerinage de vie humaine* date de 1355.

l'immortalité de l'âme est indéniable, le point de vue exprimé par Raison n'est pas nécessairement celui de la narratrice-personnage. En effet, comment interpréter la « vehemente tristesse », puis la « fascherie » que ressent vivement Hélisenne qui, à l'instar de la Dame, a subi les tourments de l'amour ? Elle ne s'émerveille ni ne se réjouit outre mesure de la révélation qui lui a été transmise. Et si elle s'empresse de la transcrire pour ne pas en perdre le souvenir, on peut cependant se demander si ce récit possède une valeur exemplaire pour elle, comme pour ses lecteurs. Se désole-t-elle de ne pas déjà connaître le même sort que la Dame ? Ou, au contraire, se chagrine-t-elle de la tournure des événements ? A-t-elle à son tour été persuadée par Raison et se pliera-t-elle à ses adjurations ? Rien dans le texte ne le suggère. Toutefois, on peut s'étonner de l'insistance avec laquelle Vérité intervient au final pour dissiper tout soupçon quant à la culpabilité de la Dame. N'oublions pas que les *Angoysses douloureuses* trouvent leur conclusion dans l'assurance de cette chasteté[42], avant que les amants ne soient réunis aux « champs Helisiens », et qu'elle constitue aussi l'un des enjeux des *Epistres*[43]. Il semble donc bien que les tensions qui opposent amour et morale dans l'ensemble du corpus hélisénien n'aient pas réussi à trouver, dans la sphère nettement plus abstraite et fortement rhétorique du songe, une résolution univoque.

---

[42] Au moment de mourir, Hélisenne affirme que « la clemence divine [...] n'a voulu permettre, que le peché d'adultaire eust esté par [elle] commis » (p. 471).

[43] Voir, à titre d'exemple, la première épître invective (p. 110).

PRINCIPES D'ÉDITION

CHOIX DU TEXTE

Dans le cas du *Songe*, qui a connu plusieurs éditions entre 1540 et 1560, deux possibilités s'offrent en ce qui a trait au choix de la version à retenir : l'édition *princeps* de 1540 ou le *terminus ad quem* que représente l'édition de 1560. Dans la mesure où Claude Colet est intervenu à partir de 1550 pour mettre au goût du jour l'orthographe des textes d'Hélisenne de Crenne, il est préférable de privilégier les premières éditions. C'est pourquoi nous avons reproduit le texte de l'édition *princeps* du *Songe* (Paris, Denis Janot, 1540), en suivant l'exemplaire Masson 275, conservé à la Bibliothèque de l'École Nationale des Beaux-Arts à Paris. En raison de son intérêt et de sa couleur particulière, nous avons préféré cette version à l'édition que Janot a fait paraître en 1541, très proche de celle de 1540, mais adoptant, à certains égards, des marches typographiques et des pratiques orthographiques plus modernes[44].

Afin d'éclairer notre transcription, nous avons tenu compte des leçons que proposent les éditions ultérieures du *Songe*. Voici comment nous désignerons les éditions mentionnées dans l'appareil critique :

A : 1540 *Le Songe de madame Helisenne* (Paris, Denis Janot) ;
B : 1541 *Le Songe de madame Helisenne* (Paris, Denis Janot) ;
C : 1543 *Les Œuvres de ma dame Helisenne de Crenne* (Paris, Charles Langelier) ;

[44] En version modernisée, cette édition a été publiée par Jean-Philippe Beaulieu aux éditions Indigo & Côté-femmes en 1995.

D : 1551 *Les Œuvres de ma dame Helisenne de Crenne* (Paris, Étienne Grouleau) ;

E : 1560 *Les Œuvres de ma dame Helisenne de Crenne* (Paris, Étienne Grouleau).

TRANSCRIPTION

Notre transcription est fidèle au texte de 1540, dont elle reproduit la graphie et la ponctuation. Les signatures de l'original sont indiquées entre crochets. Afin de faciliter la lecture, nous sommes intervenus en proposant quelques modifications systématiques en accord avec les pratiques éditoriales courantes : dissimilation des *i* et des *j*, des *u* et des *v* ; réalisation des voyelles nasales et des esperluettes ; transcription en caractère moderne du *s* long. Généralement à la lumière des éditions ultérieures, nous avons distingué la préposition *à* et le verbe *a* par l'ajout ou la suppression de l'accent grave. Le même principe a été appliqué aux distinctions entre la conjonction de coordination *ou* et le pronom relatif locatif *où*. Sans le noter, nous avons ajouté l'accent aigu sur les participes passés, en suivant le plus souvent la leçon proposée par **B**.

L'usage des capitales de l'édition de 1540 a été respecté. Toutefois, nous avons rendu en minuscule la première lettre qui suit la lettrine initiale de chaque subdivision du texte. Nous avons également déplacé la capitale lorsqu'elle figure sur le mot qui devrait, selon l'usage actuel, commencer par une majuscule (*L'aristotelicque* > *l'Aristotelicque*, f. E iiii v°). Les mots qui désignent Dieu ou le Christ (*Salvateur*, *Redempteur*, *Plasmateur*) ont systématiquement été dotés de capitales. Il faut signaler que certaines questions relatives à l'usage des majuscules que pose l'édition de 1540 sont étroitement liées à des problèmes de ponctuation. Nous avons reproduit la ponctuation de l'original, tout en proposant occasionnellement des corrections à la lumière des éditions ultérieures.

En suivant **B**, nous avons ajouté ou supprimé des apostrophes dans les cas manifestes d'agglutination ou de désagglutination, en partie pour éviter les confusions possibles (par exemple, entre *ta* et *t'a* ou entre *cest* et *c'est*).

Exception faite des uniformisations mentionnées ci-dessus, toutes les autres interventions (y compris les leçons rejetées) sont signalées en note.

VARIANTES

Pour éclairer l'histoire du texte, il nous a semblé utile de présenter les variantes significatives des éditions **B** (1541), **C** (1543) et **D** (1551). L'édition **B,** qui, à peu de choses près, reproduit le texte et la mise en page de **A** (1540), permet de corriger ou d'éclairer certains passages. Comme nous l'avons suggéré précédemment, les marches typographiques de **B** paraissent relever de pratiques plus modernes. Par exemple, lorsque **A** donne *appercepvoir*, **B** propose *appercevoir*. De même, **B** marque systématiquement par un *s* la terminaison du singulier de la deuxième personne à l'indicatif présent (**A** : *tu considere* ; **B** : *tu consideres*). Quant à l'édition **C**, elle correspond à la première mise en recueil. L'édition **D**, pour sa part, correspond à la première version qui intègre les modifications de Colet ; son intérêt réside en grande partie dans les équivalents lexicaux qu'elle fournit.

Seules les variantes significatives sont relevées en notes. Les variations purement orthographiques ne sont pas signalées, sauf lorsqu'elles facilitent la compréhension du texte ou apportent un éclairage intéressant sur les possibilités sémantiques du passage (ex. : *habilemens* – *habillemens*, f. E ii r°). Nous avons retenu les leçons divergentes quant au genre ou au nombre, puisqu'elles sont susceptibles d'éclaircir le sens du passage.

Nos observations sur les diverses éditions du *Songe* tendent à souligner la filiation entre **A** et **C**, et, de façon un peu moins nette, entre **B** et **D**. Ainsi, il est clair que **C** se fonde principalement sur **A** et méconnaît les leçons de **B**, tandis que, dans de nombreux passages, l'édition de 1541 (**B**), différant assez peu de celle de 1540 (**A**), propose certaines corrections qui semblent plus appropriées dans le contexte. Par exemple, *sans provocquer* (f. D 8 v°) devient *suis provocquée* en 1541, ce qui semble plus adéquat. **C** revient toutefois à la leçon de **A**, alors que **D** préfère la leçon de **B**. Il en est de même de l'expression *l'espoux rend response féconde* (f. H iii v°) que proposent **A** et **C** et qui est remplacée de manière plus convenable au contexte, dans **B** et **D**, par *l'espoux rend l'espouse féconde*. De même, la référence à *Adrienne* dans **A** (f. B 6 v°) s'éclaire lorsqu'on voit le nom d'*Ariadne* apparaître dans **B** et **D**. Dans ce cas-ci, selon la logique déjà signalée, l'édition **C** reprend la leçon de **A**.

Nous avons jugé bon de comparer l'édition de 1551 (**D**) à celle de 1560 (**E**), à des fins de vérifications supplémentaires. De façon générale, les deux textes sont similaires, à part quelques variantes qui, dans certains cas, éclairent le sens du texte. Pour ne pas alourdir le système de notes en proposant ce qui pourrait facilement devenir un relevé des variantes de **D**, nous n'avons signalé en note que les leçons de **E** considérablement divergentes de celles de **D**. Lorsque la variante de **D** figure seule en note, il faut donc comprendre que **E** est identique à **D** ou propose des variantes typographiques négligeables. Cette façon de faire illustre clairement que **E** est une version moins soignée de **D** et en propose souvent des leçons corrompues (*tu blesseras* au lieu de *tu blessas*, f. B iiii r° ; *plus que* au lieu de *puis que*, f. E iiii v°).

MISE EN PAGE ET GRAVURES

Contrairement aux éditions ultérieures, sans illustrations et dont la mise en page propose un texte plus serré, les éditions **A** (1540) et **B** (1541) présentent une disposition du texte presque identique ; même l'emplacement des rubriques de prise de parole et les lieux d'insertion des gravures correspondent. La présente édition reproduit les gravures qui se trouvent dans l'édition *princeps*. Celles-ci, au nombre de trente-deux, se trouvent insérées exactement aux mêmes endroits en 1540 et en 1541. Seuls huit bois diffèrent d'une édition à l'autre.

Voici, en suivant les signatures de l'édition de 1540, 1) la liste des gravures qui y figurent, 2) les éditions de Janot dont proviennent les bois, selon l'identification proposée par Stephen Rawles (les références entre parenthèses renvoient aux abréviations qu'utilise ce dernier)[45] et 3) les variantes que l'on trouve dans l'édition de 1541.

Gravures de l'édition de 1540	**Sources des gravures (les abréviations de Rawles figurent entre parenthèses)**	**Gravures de l'édition de 1541**
A iii r° ; C 8 r° ; I iii v°	Claude de Cuzzi, *Philologue d'honneur*, 1537 (Cu 5)	*Idem*
A 5 r°	*Amadis de Gaule* (Vag 343)[46]	*Idem*
A 7 r° ; B 8 r°	Hélisenne de Crenne, *Angoysses douloureuses*, 1538 (H33)	*Idem*
A 8 r° ; C iiii v°	H. de Crenne, *Angoysses*, 1538 (H9)	*Idem*
B r° ; E 5 v°	Ovide, *Les Quinze Livres de la metamorphose*, 1539 (O48)	*Idem*
B iiii v°	Gilles Corrozet, *Hecatomgraphie*, 1540 (C79)	*Idem*

[45] Stephen P. J. Rawles, *Denis Janot, Parisian Printer & Bookseller (1529-1544) : A Bibliographical Study*, thèse de doctorat, Coventry, University of Warwick, 1976, vol. II, p. 116 et 142.

[46] Renvoyant à la numérotation des gravures de l'*Amadis* établie par Hugues Vaganay (*Amadis en français*, Genève, Slatkine, 1970 [1906]), S. P. J. Rawles (ouvr. cité, vol. I, p. 188) précise que le bois 343 n'apparaît dans aucune des éditions de l'ouvrage publiées par Janot.

B 6 r°	H. de Crenne, *Angoysses*, 1538 (H31)	*Idem*
C v°	G. Corrozet, *Hecatomgraphie*, 1540 (C41)	H. de Crenne, *Angoysses*, 1538 (H30)
C ii v°	*Livre d'amours [...] de Pamphille et de Galathee*, 1536 (P18)	*Livre d'amours [...] de Pamphille et de Galathee*, 1536 (P15)
C 6 r°	Ovide, *Les Quinze Livres*, 1539 (O41)	*Livre d'amours*, 1536 (P5)
E iii r°	*Livre d'amours*, 1536 (P3)	C. de Cuzzi, *Philologue d'honneur*, 1537 (Cu12)
D 7 r° ; G 6 r°	H. de Crenne, *Angoysses*, 1538 (H10)	*Idem*
D 7 v°	Ovide, *Les Quinze Livres*, 1539 (O43)	*Idem*
E r°	*Livre d'amours*, 1536 (P5)	Absente
E ii r°	*Livre d'amours*, 1536 (P8)	*Idem*
E 7 v° ; G 8 r°	H. de Crenne, *Angoysses*, 1538 (H21)	*Idem*
F v°	H. de Crenne, *Angoysses*, 1538 (H41)	*Idem*
F iii v°	*Livre d'amours*, 1536 (P4)	*Idem*
F iiii v°	H. de Crenne, *Angoysses*, 1538 (H4)	*Idem*
F 7 v°	Pierre Gringore, *Les Diverses Fantasies des hommes et des femmes*, 1538 (G16)	*Idem*
G ii v°	Ovide, *Les Quinze Livres*, 1539 (O31)	Absente
G iiii r°	H. de Crenne, *Angoysses*, 1538 (H40)	*Idem*
G 5 r°	Ovide, *Les Quinze Livres*, 1539 (O34)	*Idem*
H ii v°	Gilles Corrozet, *Triste elegie*, 1536 (C5)	*Idem*
I 6 r°	G. Corrozet, *Triste elegie*, 1536 (C3)	Absente

Il est intéressant de noter que les gravures figurent surtout dans la première moitié du livre et deviennent de moins en moins nombreuses dans les signatures G et H, au point de disparaître presque complètement du feuillet I, qui correspond à la fin du discours de Raison. Il est possible que la nature abstraite de ce discours explique la quasi-absence d'images, comme si la matière essentiellement théologique de la fin de l'ouvrage se prêtait difficilement à l'illustration. Cette évolution du rapport texte-image au sein du *Songe* conforterait l'hypothèse d'une structuration exégétique du texte qui se montre de plus en plus engagé dans des considérations abstraites, éloignées des considérations relationnelles qui marquent le dialogue entre la Dame et l'Amant[47].

---

[47] D. Desrosiers-Bonin, « L'architecture exégétique du *Songe* d'Hélisenne de Crenne », art. cité, p. 241-250.

LE SONGE DE MADAME HELISENNE

[f. A r°]

Le Songe de mada[-]
ME HELISENNE COMPO-
SE PAR LADICTE DAME, LA CON-

sideration duquel, est apte à instiguer tou[-]
tes personnes de s'alliener de vice, et
s'approcher de vertu.

De Crenne.

Avec privilege.
1540.

On les vend à Paris, en la rue neufve Nostre dame, à l'enseigne sainct
Jehan Baptiste, par Denys Janot Libraire et Imprimeur.

[f. A v°] [page blanche]

[f. A ii r°]

A Monsieur le Prevost de Paris,
ou son Lieutenant Civil.

Supplie humblement Denys Janot maistre Imprimeur, et Libraire, demeurant à Paris[1], comme ainsi soit que ledict suppliant ayt recouvert une petite coppie, composée par ma dame Helisenne, qui a composé les Angoisses d'Amours. En laquelle est contenu ung Songe, composé par ladicte dame : laquelle copie ledict suppliant feroit voluntiers imprimer, ce qu'il ne veult faire sans vostre permission et congé. Ce consideré, Il vous plaira permettre audict suppliant imprimer et vendre lesdictz livres, et deffenses faictes à tous aultres Libraires et Imprimeurs, de ne imprimer ne faire imprimer, vendre ne faire vendre lesdictz livres, aultres que ceulx que ledict suppliant aura impri- **[f. A ii v°]** mez, sur peine de confiscation des livres qu'ilz auroient imprimez et d'amende arbitraire, et ce jusques à trois ans : affin que ledict Janot se puisse honnestement rembourser des fraiz qu'il luy convient faire pour l'impression desdictz livres. Et vous ferez bien.

Soit faict ainsi qu'il est requis,
jusques à deux ans. Faict le
xviii. jour d'Octobre mil
v.c.xxxix.
I. I. De Mesmes.

[f. A iii r°]

Cicero prince d'eloquence latine, a voulu en ses œuvres ardues adjouster le Songe de Scipion[2] : en la lecture duquel, l'on peult voir plusieurs disputations, tant de ceste machine mondaine, comme de l'immortalité de l'ame : ce que le tres discret orateur a faict pour provocquer les cueurs des hommes à aspiration celeste. Doncques à l'imitation de luy, m'est survenu le vouloir de vous faire d'ung songe digne de memoire ample recit : lequel estant commencé par le stile qu'une muse gentille m'a produict[3] : J'espere qu'il impetrera faveur, recueil et grace devant **[f. A iii v°]** les yeulx des nobles lecteurs : Car c'est chose certaine, que l'estude de poesie est remplie de delectation infatiguable : en icelle l'esperit travaillé se repose, l'entendement pressé se recrée, la pensée triste se letifie[a] : et l'engin vexé se refocille, qui est cause par telle corroboration de rendre puis apres l'esperit de l'homme plus subtil, et apte à l'intelligence des choses altissimes[b]. Par ainsi apres tel principe[c] ne differeray de saincte[d] escripture parler : la contemplation de laquelle, est tant melliflue[e], que tant plus on s'y[f] arreste et frequente : tant plus on desire à y demourer et la frequenter[4]. Et

---

[a] **D** se resjouït

[b] **D** treshaultes

[c] **D** commencement

[d] **CD** de la saincte

[e] **D** est si doulce

[f] *Établi d'après* **D** (**ABC** si)

pource dict sainct Gregoire au premier chap.[a] du second livre de ses morales[5], que la saincte escripture est comme ung miroir : auquel nous povons speculer[b] nostre face, et y appercepvoir les macules et taches qui l'ordis- **[f. A iiii r°]** sent et effacent, par opposite y povons voir les beaultez et dons de graces : si aulcunes en avons qui nous decorent et embellissent : car estant studieux en icelle saincte escripture, nous voyons à quelle fin les ungs et les aultres, par mal ou bien faire sont parvenuz, laquelle chose nous peult exciter à estre amateurs de vertu, en alienant[c] de nous les vices à elle contraires[6]. Consyderez doncques ententivement ce songe, lequel vous donnera certaine evidence des perilz qui de vie lascive et voluptueuse nous surviennent : aussi pourrez apertement[d] congnoistre la beatitude qui de vie bonne et vertueuse nous succede, ce qui se demonstrera par ung debat entre Sensualité et Raison, laquelle estant en ceste inquietitude[e], faict plusieurs[f] belles disputations, puis finablement demourant superieure, donne castigation[g] à ceste **[f. A iiii v°]** sensualité, la rendant par captivité domptée. Puis entendrez comment icelle dame Raison apres telle victoire mect si bon ordre[h] à regir et gouverner la creature, qu'elle repulse d'elle toutes plaisances transitoires et delectations mondaines, pour aspirer à la possession de l'eternelle felicité et gloire celestielle, à laquelle nous vueille conduyre l'immense grace et infinye bonté de la divine clemence[7]. [i] **[f. A 5 r°]**

---

a **C** Gregoire .I. C. **D** Gregoire i. c.
b **D** veoir
c **CD** vertu, alienant
d **C** aptement
e **C** inquietude
f *Corrigé d'après* **BCD** (**A** plusieures)
g **D** chastiment
h **CD** met ordre
i **E** *fait suivre la rubrique* Fin du Prologue

En la saison que Phœbus passant par les arcures du Zodiaque[a], se reduict au signe du Mouton et s'estudie de rechauffer la frigide[b] déesse Cibelle[8], j'estois à l'heure en l'ardeur de mon aage florissant. Parquoy merveilleusement me stimuloit celluy, qui aultresfois tenant sa mere embrassée sans sa coulpe, soubz le blanc et incarné tetin d'icelle, d'ung dart amoureux la vulnera[c].[9] Estant ainsi **[f. A 5 v°]** d'icelluy vehementement pressée, pour l'assidue et continuelle douleur, que journelement me propinoit[d] la precipiteuse charge d'amour, me sentis tant fatiguée[e], qu'apres longue lamentation, mes yeulx que je pensois tenir vigilans, de sommeil furent vaincuz. Et lors en mon ymagination se representa la veue d'une vallée singulierement delectable, à l'occasion qu'elle estoit toute circondée et environnée de[f] grande multitude d'arbres : de sorte[g] que la puissance du splendissant[h] Apollo, ne la povoit sinon temperement eschauffer. Et pource en speculant[i] la situation, et admirable beaulté de ce lieu, je le jugeoye estre

---

[a] **D** par le Zodiaque

[b] **D** froide

[c] **D** blessa

[d] **D** donnoit

[e] **D** fachée

[f] **D** qu'elle estoit toute environnée d'une

[g] **CD** de telle sorte

[h] **D** resplendissant

[i] **D** contemplant

semblable à celluy, auquel Pluto la belle Proserpine ravit[10]. En ce lieu survint la belle Nymphe Flora, associée du gracieux Zephirus[11] : Lesquelz s'entremirent d'aorner la déesse Opis, la decorant **[f. A 6 r°]** de leurs odoriferens thresors. Les Hymnides treflorissantes aussi y assisterent, faisant pulluler l'herbe haulte et verdoyante : et non seulement en fut tapissé le val, mais les montaignes d'environ, où residoient plusieurs gratieuses Orcades[a]. La diversité des florettes et plantes aromaticques, avec l'herbe accumulée, rendoit une[b] odeur ambrosienne[c] : telement que toutes les Regions circonjacentes[d] en estoient imbues. Incontinent apres, survint Rousée fille de Phebe et de l'air : laquelle fist naistre à l'entour des fleurs infiny nombre de rondes perles, plus que cristal resplendissantes. Les plaisantes Driades et Amadriades ne faillirent d'y comparoir : lesquelles produyrent et firent vegeter de[e] leurs gentilz arbrisseaulx innumerables petites fueilles. Et mesmes y vint Silvanus le dieu des forestz : qui sans estre avare de ses **[f. A 6 v°]** biens, usa de prodigalle liberalité, pour amplifier ses umbres. A l'entour du val avoit ung fleuve, où assistoient grandes compaignies de gentilles Nymphes Naiades : lesquelles avec joyeuse[f] excercice, se soulacioient. Apres survindrent les doulces Nymphes Napées, qui firent scaturier[g] en plusieurs endroictz du val, leurs argentines et cleres fontaines : dont les souefves liqueurs, propinoient[h] une melliflue refrigeration aux citibondes[i]. En cest endroit s'adresserent les Nymphes Pierides, delaissant l'altitude[j]

---

[a] **E** Oreades

[b] **D** un

[c] **E** un odeur ambrosien

[d] **D** circonvoysines

[e] **D** lesquelles produyrent de

[f] **D** joyeux

[g] **D** sortir

[h] **D** donnoient

[i] **D** alterez

[j] **D** la haulteur

de leurs montaignes, pour en ce lieu amene et delectable[a] assister[12]. Toutes ces choses veues[b] je comprins estre telle la singularité de ce lieu, que je le jugeoie avoir esté du mesme dieu d'amour administré. Parquoy la suffisance d'exprimer son excellence, à l'eloquence de Mercure[c] appartiendroit : et pource **[f. A 7 r°]** m'en deporteray, en vous narrant ce que depuis intervint.

Apres avoir long temps consumé, en la speculation de ceste chose[d], jectant mon regard en circonference, à ma veue s'offrit ung jeune jouvenceau, qui d'une beaulté indicible et non equiparable, resplendissoit : de telle sorte, que me persuaday de croire, qu'à le former, dame Nature toute sa cure et sollicitude avoit mis. Et tant plus le contemployе, plus je trouvoye en luy de speciosité[e] : qui fut cause d'inserer en mon **[f. A 7 v°]** entendement une grande admiration, qui diverses choses me faisoit ymaginer[13]. Et entre aultres choses, en moy mesmes je disoye : O dieux celestes, à ceste heure j'ay certaine evidence, que voulez donner principe[f] à me gratifier, puis que telle delectation m'est impartie : laquelle a tant d'efficace, que mes

---

a **D** en ce lieu delectable

b *Établi d'après* **BCD** (**A** Venus)

c **D** à l'éloquence du fidelle messager des dieux Mercure

d **D** chose tant esmerveillable

e **D** beaulté

f **D** voulez commencer

anxietez preterites[a] me faict totalement oublier. O que bien desireroye, que fussent en ce lieu congregez[b], ceulx qui sont affligez de semblables[c] peines, que les miennes precedentes : affin que comme moy se peussent letifier[d]. Certainement par conjecture, je puis juger que pour la recreation humaine, telle creature a esté produicte. **[f. A 8 r°]**

Et[e] pource qu'entre les modernes, semblable beaulté ne se retrouve[14], je ne scay si ce n'est point le gracieux Adonis : lequel si cordialement fut aymé de la déesse Venus[f].[15] Ou peult estre que c'est le Phrigien : duquel le juvenil appetit de tant grand enflambement fut cause. Ou à l'adventure que c'est Asterius : lequel combien que de la déesse d'amour eust esté conceu, le vivre pudicque voulut observer. Je ne scay si ce pourroit estre Castor, ou Polus[g] : lesquelz jadis furent stellifiez[h]. Ou bien possible seroit, que ce fut Hippolite : qui pour chasteté conserver, endura cruelle **[f. A 8 v°]** mort. Je ne scay si ce ne seroit point Cestus : duquel Martial extolle merveilleusement de

---

a **D** passées

b **D** assemblez

c *Corrigé d'après* **BCD** (**A** semblable)

d **D** resjouyr

e *Corrigé d'après* **BCD** (**A** Ee)

f **D** Venus que longuement sa mort violente elle plora

g **BD** Pollux

h **D** furent transformez en deux estoilles luysantes

sa forme la speciosité[a].[16] Je doubte que ce soit Chillas : qui aultresfois pour sa souveraine beaulté, des Nymphes gentilles fut ravy. Je ne scay si c'est Eudimion[b], qui de Phebe fut singulier amy. Ou bien peult estre que c'est Ganimedes pour le ravissement, duquel Juppiter en forme d'Aigle, se transforma. Je ne scay si c'est Ephistion : lequel le roy Alexandre si ferventement aymoit[17]. Or je croys que ce soit Narcissus : lequel, selon la Prophetie de Thirisias, mourut pour de sa propre beaulté estre surpris[18]. Ainsi que estoit mon ymagination vaccilante en la contemplation de ceste singuliere beaulté, je veiz ce jeune jouvenceau : lequel par maniere de complaincte, donna principe à la prononciation de[c] telz motz :

[f. B r°]

L'AMANT.[d]

O splendide fille de l'Altitonant[e] Juppiter, et de la Nymphe Dyonne[19], tu scez que long[f] temps y a que premierement fuz vulneré[g], de la dorée sagette de ton filz, auquel sans m'efforcer de faire grande resistance, à ton service et au sien, totalement me suis dedié, soubz esperance de future premiation : dont ne

---

a D beaulté

b D Endimion

c D complaincte, commença à prononcer

d D *La rubrique* L'AMANT *est absente*

e D O illustre fille du souverain

f *Corrigé d'après* **BCD** (**A** l'ong)

g D frappé

voy encores quelque presaige, combien que pour eviter ingratitude, ne veulx nyer que grandement je soye favorisé, pour estre certain, que au- **[f. B v°]** tant que ferventement j'ayme, de ma treschere et gratieuse dame suis aymé : dont n'ay raison d'increper, ny improperer amour : puis que ce n'est par sa coulpe, que si long temps je consume, sans estre remuneré de l'ultime[a] chose, qui en son service se peult desirer. Et aussi venuste[b] déesse, ces parolles je ne profere, sinon pour te provocquer à excogiter quelque invention subtile, pour tes fideles servans ayder. Las j'exore[c], que ne me soys moins secourable, que tu fuz au jouvenceau Hippomenes : lequel par ton urbanité et benigne clemence, voulus tant gratifier, que par le moyen des troys pommes, dont tu luy fiz present, de sa tresdesirée dame jouyssance obtint. Pource qu'elles furent aptes, à empescher de la dame le cours leger[20]. Aussi je croys indubitablement, que tu fuz cause de l'absence du Grec **[f. B ii r°]** pour donner lieu à ton Juge, le pasteur Troyen, d'avoir la fruition des amours, de la fleur en beaulté femenine florissante[21] : Et pource noble déesse, veulx continuer l'assiduité de t'obsecrer[d] : affin que toy voyant qu'il n'y a chose sinon jalousie, qui insiste, ne voulant permettre l'accomplissement de noz desirs, vueille la de nous sequestrer pour n'estre cause, que la perseverance des anxietez, afflictions et persecutions insuportables[e] : à mort cruelle ma dame et moy nous conduysent[22].

---

a **D** de la derniere

b **D** gentille

c **D** je te prie

d **D** de supplier

e **D** insupportables à creature humaine

INTERLOCUTION DE LA DAME HELISENNE.

Ces[a] parolles proferées, à sa lamentable complaincte imposa fin. Et pour aulcunement refociler le fatigué[b] et travaillé corps, s'alla poser soubz ung arbre de delectable verdure, singu- **[f. B ii v°]** lierement decoré : auquel lieu guere ne fut sans ce que pour l'attediation[c] des souffertes peines Somnus[d], trouvast en ses membres quelque lieu de reception[23]. Ceste chose veue, avec si grande force, faisoit en moy residence mentale, que nulle aultre en ma pensée ne povoit assister[e] :[24] Mais tost apres m'intervint chose d'aussi grande admiration digne. Et fut que par le mesme lieu qu'estoit arrivé le jouvenceau, une jeune dame survint : laquelle se demonstra à mes yeulx si excellente, que contrainct fuz à distinctement la contempler : et en ceste speculation moins ententif[f] n'estoye qu'estoit APPELES quand le chef[g] de VENUS miraculeusement depeignoit[25]. Et lors n'estant moins esmerveillé qu'au precedent, je ne scavoye que juger, et en moy mesmes disoye : O Dieu celeste, ceste dame est tant resplendissante en venusté, gra- **[f. B iii r°]** ce, beaulté et faconde[h] que cela me faict ymaginer, que ce soit l'une des troys déesses que vit Paris en la vallée de Messaulon[26]. Ou bien pourroit estre la belle Euridice : laquelle fut cause de la descente D'ORPHEUS en la region[i] Plutonicque. Je ne scay si ce n'est point celle Esperie : Laquelle fut si cordialement aymée du gentil jouvenceau ESACUS[27]. Je doubte que ce soit ceste

---

a C Les

b **D** le faché

c **D** la fascherie

d *Établi d'après* **D** (**A** sunnus **B** sonnus **C** Sumnus).

e **D** faisoit residence en ma pensée, que nulle autre n'y pouvoit assister

f **C** ententifve

g **D** le beau chef

h **D** en beaulté, grace, modestie et faconde

i **D** la basse region

magnanime dame, vers laquelle ENEAS profuge[a] Troyen usa de telle ingratitude, qu'il fut occasion de sa mort[28]. Je ne scay se ce ne[b] seroit point ceste vertueuse PENELOPE : Laquelle estant accompaignée de continence, par l'espace de vingt ans, ULIXES attendit. Je ne puis croyre que ce[c] ne soit ceste gratieuse HESTER : laquelle par son humilité, fut constituée en grand honneur. Possible est ce[d] la seur de la belle Horithie PROCRIS, qui **[f. B iii v°]** fut occise du mesme dard que la déesse Diane luy avoit donné. A l'adventure que c'est la noble dame ARGIA : laquelle estant advertie de l'execrable mort de son mary, sequestra d'elle tout delicieux plaisir, qui à sa dignité royalle appartenoit : et sans avoir regard à la debilité femenine, allast chercher[e] icelluy son mary entre les fetides mors[f]. Je ymaginoye que bien pourroit estre la bonne Judich[g] : laquelle par son subtil moyen du puissant roy Holofernes victoire obtint[29]. Estant en telles varietez de pensées, je veoye ceste gentille dame qui avec modeste alleure se pourmenoit : Mais selon ma conception, facilement en contemplant sa face on povoit juger qu'une vehemente tristesse son delicieulx cueur exagitoit : à l'occasion qu'en tenant sa veue baissée, se manifestoit merveilleusement pensive. Et **[f. B iiii r°]** ainsi continua quelque temps sans distinguer[h] de dessus la terre ses irradiantes lumieres : desquelles j'apperceuz distiller grandes superfluitez de larmes, accompaignées[i] d'affluence de souspirs : qui de son anxieux estomach pulluloient, ce que

---

a **B** profugue **D** le fugitif
b *Établi d'après* **B** (**A** scay ce ne **CD** si ce ne)
c *Établi d'après* **BCD** (**A** se)
d *Établi d'après* **BCD** (**A** Possible esse)
e *Établi d'après* **BCD** (**A** charcher)
f **D** entre les mors
g **CE** Judith
h **D** sans detourner
i *Établi d'après* **BD** (**AC** accompaignez)

voyant, estois[a] commeue à tant grande compassion, que la delectation precedente, fut en l'amaritude[b] convertye : telement que[c] à aultres choses n'entendoye[d], sinon à ymaginer quelle povoit estre la cause motive des extremes agitations de ceste tant affligée dame : Mais assez promptement elle commencant à rompre silence, avec sa piteuse voix[30] profera motz qui me rendirent certaine, de l'occasion qui à si acerbe[e] douleur la provocquoit, et furent telz : **[f. B iiii v°]**

LA DAME AMOUREUSE.

O Seigneur qui tant obeissant, aux prieres maternelles te monstras, quand en grande promptitude, le dominateur de l'infernalle region tu vulneras[f] : dont s'en ensuyvit le ravissement de la fille de Ceres : Je t'obsecre[g] que doresnavant vueille à mes angustieuses douleurs donner quelque refrigere[31]. Et te recordant[h] de mes longues et calamiteuses peines, soys moy à present consolateur. Helas tu scez que desja Phœbus,

---

a **D** j'estoys

b **BCD** en amaritude

c Établi d'après **BCD** (**A** qui)

d *Établi d'après* **BC** (**A** u'entendoye **D** n'entendoys)

e **D** forte

f **D** blessas

g **D** te prie

h **D** souvenant

avec son illustrissime[a] diademe a plusieurs foys le Zodiacque enluminé : **[f. B 5 r°]** Depuis que pour perseverer en ton service je souffre telle anxieté, que de plus extreme n'en peult estre[32]. Toutesfois à l'heure que totalement à toy je me submis, j'estimoys de toy toute melliflue doulceur proceder. Je te creois[b] expulseur de toute fascherie[c], et te pensois defenseur de tous perilz. Helas doncques, pourquoy tiens tu si excessive rigueur contre moy ? Ne scez tu que pour nulle espece de tourmens jamais je n'euz vouloir de me desister de ton service ? Mais avec propos ferme et stable me suis efforcée de toutes agitations tolerer[d]. Mais je doubte que pour le futur[e], ne me soient insuportables : car il n'y a si haulte patience, qu'aulcunesfois par trop excedans travaulx, vaincue ne se confesse. Recorde[f] toy seigneur du superbe Hannibal. Considere Mitridates perpetuel ennemy de Rome : et le pervers et cruel Neron[33]. **[f. B 5 v°]** Regarde Helissa, Dejanira, Philis, Sophonisba, Phedra et Sapho, qui furent de moult grande authorité et estime. Et pour eulx liberer des molestes,[g] peines et fatigues, de vies se priverent[34] : parquoy si tu considere mon estat, moy qui suis nue de toute desirée esperance, et privée de tout merite, il n'est à croire que ma vie se puisse conserver : ce qui doibt estre cause de te commouvoir à speculer[h] ma triste et decoulourée face, pour ne vouloir permettre, que moy qui suis de toutes aultres la plus constante amoureuse, par si effrenée mort perisse[35].

---

a **D** son tresillustre

b **D** croyois

c *Corrigé d'après* **BCD** (**A** fafcherie)

d **D** supporter

e **D** pour lavenir

f **D** Souvienne

g **B** molestes peines **D** eulx delivrer des molestes peines

h **D** contempler

INTERLOCUTION DE LA DAME HELISENNE.

Ces parolles prononcées, ses lebvres rozées[a] mist en silence, et fut longue espace sans aulcun mot proferer. **[f. B 6 r°]** Puis apres narra les motz qui s'ensuyvent :

LA DAME AMOUREUSE.

O pauvre dame infelice[b], voys en quel peril t'a conduicte Fortune. Certes le tout bien consideré, à ta miserable peine tu ne vois qu'ung seul remede : duquel tu ne peulx user sinon avec la perte de ton lotz, bruict et renommée : car si tu veulx avoir l'accomplissement de tes affectueux[c] desirs, il te fault derelinquer[d] celluy avec lequel toy estant, tu **[f. B 6 v°]** es d'honnesteté accompaignée : et ensuyvant celluy que tu desire, de perpetuelle[e] infamye tu te maculeras : et encores ne seras certaine qu'il te soit tousjours fidele[36]. Recorde toy du frauduleux Theseus, du desloyal Jason, et du trompeur Alchides. Certes tu doibs croire que moins d'evidence d'amytié ne demonstroyent aux[f] trop credules Adrienne[g], Medée et

---

[a] **D** vermeilles

[b] **D** malheureuse

[c] *Corrigé d'après* **BCD** (**A** affecteulx)

[d] **D** delaisser

[e] *Corrigé d'après* **BCD** (**A** perperuelle)

[f] *Corrigé* (**ABCD** au)

[g] **BD** Ariadne

Dejanira, que faict ton amy à toy : lesquelz[a] depuis qu'ilz en eurent jouys, de les habandonner ne differerent, sans timeur[b] de faulser la foy par eulx à elles promise. Il y a plusieurs hommes prompts au promettre et tardifz à l'observer[37]. Tu n'es asseurée que le tien amy ne soit du nombre d'iceulx : car si bien tu considere, combien est variable l'humaine virile condition, la plus part du monde d'infidelité et dissimulation pullule[38] : et si ceste lubricité entre **[f. B 7 r°]** les hommes vulgairement[c] se retrouve, que puis je esperer, sinon perpetuelle infelicité[d] ?[39] Las toutesfois il n'est en ma puissance de la povoir eviter, pour avoir trop mon ame aux ardentes passions obligée. La violente oppresse d'amour si vehementement me contrainct, que la timeur[e] de mil perilz ne me gardera de l'accomplissement de mes fervens et ardens desirs[40]. Car sans plus differer, me fault investiguer[f] remede qui soit apte à m'impartir quelque medicamente refrigeration : et peult estre que la fin ne sera si fascheuse comme je la[g] juge, pource que combien qu'il soit grande multitude de telz hommes, que j'ay preallegué, si s'en trouvent ilz aulcuns fideles. Certes toutes les dames qui au plaisir des hommes se submettent, ne sont si mal traictées que ces[h] miserables que j'ay predictes[i].[41] Nous lisons de la fide- **[f. B 7 v°]** lité observée par Alexandre filz de Priam, envers la fille de Leda. Anthoine empereur à sa mye[j] Cleopatra du royaulme de Sorye fist present. Aristote à la sienne Hermia

---

a **C** desquelz
b **D** crainte
c **D** ordinairement
d **D** malheur
e **D** crainte
f **D** trouver
g **BD** le
h **C** que furent ces
i **C** predict
j **D** s'amye

sacrifia. David voulut à son aymée[a] Bersabée[b] grand honneur exhiber[c] :[42] parquoy ces choses distinctement considerées, je n'ay cause d'avoir de mon[d] amy si maulvaise presumption, mesmement qu'en contemplant sa phisonomye[e], par conjecture on l'estimeroit estre à toute benignité[f] et gratieuse bonté flexible. J'ay congneue en luy modestie, discretion et prudence : et pourtant impossible seroit que meschanssseté[g] peult avec si belles vertuz resider. Parquoy n'ay occasion d'estre perplexe ne doubteuse. Je veulx repulser de moy ceste fascheuse craincte, pour totalement me disposer au plaisir de celluy qui par longue et penible servitude bien le merite[43]. **[f. B 8 r°]**

INTERLOCUTION DE LA DAME HELISENNE.

Apres tant de divers propos, que les varietez de pensée luy avoyent[h] faict prononcer, decretée et affermée ceste derniere irrevocable[i] sentence, ne voulut plus disputer : et elle aulcunement tediée[j], dist ainsi :

---

[a] **BD** amye

[b] *Corrigé d'après* **BCD** (**A** Bersabeé)

[c] **D** monstrer

[d] **B** moy

[e] **BD** phisionomye

[f] **C** l'estimeroit à toute benignité

[g] **C** meschanceté **D** meschanseté

[h] *Corrigé d'après* **CE** (**AB** avoye **D** avoient)

[i] **BD** derniere et irrevocable

[j] **D** faschée

LA DAME AMOUREUSE.

O mon[a] Dieu que je suis timide[b], que la trop longue demeure que je pourroye faire **[f. B 8 v°]** icy de retourner, ne me presse. Helas celluy que tant affectueusement je desire, m'avoit indubitablement asseurée de se transmigrer[c] en ce lieu : A l'intention d'entre nous consulter et deliberer, quelque moyen convenable à nous donner le contentement de nostre commun desir. Je ne puis croire qu'assez promptement ne vienne : car desja se passe l'heure : en laquelle[d] sa desirée venue m'avoit promise[e].

INTERLOCUTION DE LA DAME HELISENNE.

Ainsi comme ceste belle Dame la veue[f] de son trescher amy attendoit, je veis que dressant ung petit le chef, les regardz de ses yeulx vers et estincelans se distinguerent[g] en plusieurs lieux. Et finablement s'adresserent au lieu : auquel le gracieux jouvenceau de grand **[f. C r°]** sommeil estoit oppressé. Et lors qu'elle l'eust apperceu, assez facile me fut de congnoistre que

---

[a] *Corrigé d'après* **BCD** (**A** O m mon)

[b] **D** je crains

[c] **D** transporter

[d] *Corrigé d'après* **BCD** (**A** laquellè)

[e] **C** promis

[f] **C** venue

[g] *Établi d'après* **BCD** (**A** destinguerent)

c'estoit celluy vers lequel elle aspiroit : et de ce me donna certaine evidence les changemens de couleurs, qui en sa doulce face nasquirent : et avec ce, je veiz qu'avec extreme promptitude du jouvenceau se fist proche[a] : toutesfois sans ce qu'elle l'eveillast, aupres de luy s'alla poser : puis donna principe à letifier[b] sa veue en la contemplation de celluy : pour lequel, elle avoit tant de calamitez soustenues[c] : Mais sans grande dilation, apres du gentil amoureux se sequestra le sommeil : et à l'heure luy congnoissant estre si pres de la dame aymée, commenca à detester le dormir, qui ainsi l'avoit deceu, en le privant de si grande beatitude. Mais apres que les salutations furent faictes, avec telle grace, qu'à toute langue diserte l'exprimer seroit **[f. C v°]** difficile, le jouvenceau commencea à telles parolles former :

L'AMANT.

Si des Dieux souverains telle felicité m'estoit concedée, qu'il fut en ma faculté[d], de povoir narrer l'excessive lyesse que ton affectée veue m'a prodigalement propinée[e], j'estimeroye cela une singuliere grace : pource qu'assiduelement, je desire de

---

[a] **D** jouvenceau s'approcha

[b] **D** puis commença à resjouïr

[c] **C** soutenu

[d] **D** puissance

[e] **D** que ta desirée veuuë m'a causée **E** que ta desiree venue m'a causee

te manifester[a] comment la cordiale amour que je te porte persevere d'augmenter : Mais puis qu'ainsi **[f. C ii r°]** est que par moy ne se pourroit exhiber[b], l'impossible me stimulera de le passer en silence : me persuadant toutesfois, que si en moy l'amour augmente, qu'en toy elle ne diminue : car certain suis que le troisiesme en approche[44], qu'amour d'une egalle chesne noz cueurs lya, sans qu'il eust esté en nostre faculté de les povoir retirer[c]. Parquoy bien seroit temps d'excogiter[d] quelques moyens conveniens, pour conduire nostre intention à la desirée fin[45] : et sur cela, je te demande quelle est ton opinion.

INTERLOCUTION DE LA DAME HELISENNE.

Tost apres la prononciation de ces motz, la dame donna commencement à telles parolles proferer : **[f. C ii v°]**

LA DAME AMOUREUSE.

Pource que j'ay certitude, O mon unicque seigneur, que par la sublimité de ton gentil esperit, il t'est assez manifeste l'inveterée amour, qui en mon tendre cueur reside,[e] Je ne

[a] **C** desire te manifester

[b] **D** monstrer

[c] **D** en nostre pouvoir de les retirer

[d] **D** de penser

[e] *Ponctuation établie d'après* **BD** (**A** reside. Je **C** reside, je **E** reside : Je)

m'esforceray avec grandes superfluitez de parolles le narrer :[a] Car trop plus je desire par effectz le demonstrer. Mais s'il te semble que j'ay[b] esté trop lente à te rendre recompense, qui à tes grans services fut condigne, considere qu'en[c] moy ne se doibt **[f. C iii r°]** ascripre la faulte : Mais totalement à l'insidieuse jalousie elle se doibt attribuer. Helas doulx amy, plusieurs foys t'ay exprimé, et encores le te veulx reiterer, que j'ay incredibles[d] peines souffertes[e] : pource que continuelement on souspeconne[f], que souvent je parle à toy. Las à ceste occasion m'est prohibé de sortir hors de nostre domicile : Au moins si je ne suis associée d'ung qui se nomme Rapport : lequel avec sa lubricque langue, est tousjours cause, que me sont inferées[g] infinies contumelies, opprobres et injures[46]. Parquoy tu peulx facilement juger la vehemence de l'assidue et continuelle douleur, qui me trouble et exagite. Helas tu scez que de plus grand don Dieu et nature n'eust sceu l'homme douer, que de liberté. Parquoy fort infelice[h] je me doibs estimer, puis que d'icelle je suis privée. **[f. C iii v°]** O qu'il est acerbe[i] à ceulx qui aultresfoys ont accoustumé de vivre francs et liberes[j] d'estre reduictz en subjection. L'animal qui des Egiptiens est jugé tres bon : auquel la nature de vertu leonine a proveu avec l'agilité chevaline et force taurine, a de coustume par habitude de n'estre timide[k] des coups des enferreurs : Mais par dol et fraulde des veneurs, en une fosse

---

a *Ponctuation établie d'après* **BD** (**A** narrer, Car **C** narrer : car)

b **BCD** j'aye

c **BD** qu'a

d **D** incroyables

e **C** souffert

f **C** suspitionne **D** soupçonne

g **D** faictes

h **D** malheureuse

i **D** difficile

j **CD** libres

k **D** craintif

soubz terre se vient prendre. Lequel se voyant ainsi captif, se recordant de la pristine liberté, de vie se prive[47] : Mais si les animaulx de celeste don[a] sont curieux, que debvons nous faire pour en liberté nous restituer ? Mais helas je n'y voys apparence de commencement : et n'est chose qui me soit presaige de future consolation : car de ce que tu dis que fault mediter[b] quelque moyen pour à nostre intention parvenir. Entre **[f. C iiii r°]** tous ceulx que je peulx ymaginer, ne trouve qu'ung qui soit apte à l'execution de noz unanimes desirs. Et affin d'eviter que selon ton jugement je soye ingrate trouvée, je te veulx enucléer[c] et totalement declairer ce que j'ay irrevocablement deliberé, qui est de me separer de ceste infestante[d] jalouzie : laquelle estant aulcunement attediée[e] de sa soliciteuse charge, facilement consentira que d'elle je m'absente, moyennant que je me condescende à esgalement entre elle et moy departir les biens, terres et seigneuries, qui par droict successif[f] et hereditaire à moy seulle debvroit[g] appartenir[48]. Ceste chose je t'expose avec desir de l'executer, si aultre n'estoit ton opinion : car de moy tu peulx disposer comme de celle qui est appareillée à l'accomplissement de ton vouloir. Et pour ce, je suis sur ce, ta response at- **[f. C iiii v°]** tendant[h].

INTERLOCUTION DE LA DAME HELISENNE.

Les propos de la dame finiz, le jeune gentilhomme ne respondist promptement : mais avec grande observance de

---

[a] *Corrigé d'après* **BD** (**A** dontz **C** dons)

[b] **C** quil fault mediter **D** qu'il fault penser

[c] **D** descouvrir

[d] **D** ennuyeuse

[e] **D** faschée

[f] *Corrigé d'après* **BCD** (**A** successifz)

[g] **D** devroient

[h] **C** attendante

silence, commenca à premediter, qui estoit demonstrance significative de son scavoir : et apres longue consideration, les parolles qui s'ensuyvent prononca :

L'AMANT.

[f. C 5 r°]

Puis que je congnois, ma dame, que tu fais si grande estime de mes services, je me doibs grandement letifier[a] : car à qui fidelement sert, ce[b] n'est mineur[c] contentement[d] estre tel congneu, que de ses peines et fatigues[e] estre premié et satisfaict : et pource quand bien je considere, le bon vouloir que tu persevere me[f] porter, cela m'instigue de m'esvertuer de plus en plus à ton service. Je te supplye de[g] maulvaise part ne prendre de ce que diligemment[h] ne t'ay faict response : Mais te recorde[i] qu'en la determination des choses difficiles et ardues, l'on ne doibt estre si prompt, et pource ne t'esmerveille, si je n'ay seulement pensé : mais recogité[j] sur ta deliberation : car si

a **D** resjouyr

b *Établi d'après* **CD** (**AB** se)

c **D** moindre

d *Corrigé d'après* **BCD** (**A** contemtement)

e **D** facheries

f **D** perseveres de me

g **D** en

h **D** promptement

i **D** souvienne

j **D** repensé

tu veulx considerer, tu trouveras ceste chose de merveilleuse consequence : et autant ou plus perilleuse pour toy, que **[f. C 5 v°]** pour moy. Bien scay qu'il te semble, que par toy absenter de jalousie, tu te libererois[a] de subjection, qui te faict juger, que puis apres seroit tresfacile d'avoir de noz desirs contentement. Mais je suis timide que si d'elle tu te sequestre[b], elle ne te suyve ou face suyvre : ce qui seroit cause de ta ruyne et extermination, dont je suis en plus extreme perplexité, que ne suis pour la crainte de la mienne. Et pource tu te doibs persuader que plus me plaist quelque temps encores languir avec mes anticques[c] et accoustumées anxietez, que de consentir que pour me gratifier en si eminent peril, tu expose ta personne[49]. Il ne peult estre que nous ne trouvions quelque moyen plus que celluy convenable. Car il n'est possible que contre les subtilitez de deux esperitz, aulcune puissance sache resister. Et combien que la chose **[f. C 6 r°]** soit differée, elle ne s'abolira : parquoy je conclud que ce[d] nous est chose necessaire d'estre patientz et tolerantz[50]. Et ay ceste esperance, qu'amours nous donnera victoire.

INTERLOCUTION DE LA DAME HELISENNE.

Tout subit[e] ceste response ouye, estant la dame de l'amoureuse flambe trop esprise[f], sans aulcunement differer, ainsi elle respondit[g] :

---

a *Corrigé d'après* **BC** (**A** lebereroits **D** delivrerois)

b **D** je crains que si d'elle tu te separes

c **D** anciennes

d Établi d'après **BCD** (**A** se)

e **D** Incontinent

f **C** flambe esprise

g **C** differer ainsi respondit **D** differer, elle respondit ainsi

LA DAME AMOUREUSE.

[f. C 6 v°]

Je t'obsecre[a], tresdoulx amy, que pour la timeur[b] de mon peril, tu ne differe d'executer ma deliberation, et ne te confies[c] en vaine et incerte[d] esperance : car tu scez le long temps que nous avons consumé soubz ceste folle ymagination de quelque beatitude. Ne vois tu que par cela sommes par trop abusez ? parquoy si nous persistons d'estre ainsi timides[e], finablement[f] nous trouverons frustrez de noz desirs : car croys moy en cela que plusieurs par negligence perdent ce que par diligence debvroient avoir acquis : et de ma part j'ay bien ceste audace et hardiesse de m'adventurer. Tu dis que tu doubte que puis apres ne fusse suyvie, et que de moy on prengne[g] griefve punition. Quant ad ce, je t'exore[h] que de ceste craincte te vueille desister, puis que moy mesmes ne m'en contriste. Certes je ne **[f. C 7 r°]** vois chose plus apte à m'angustier et adolorer, que la dilation de ma departie. Car posé que par icelle, ma cruelle mort s'en

---

a **D** Je te prie

b **D** crainte

c *Corrigé d'après* **BCD** (**A** confics)

d **CD** incertaine

e **D** craintifz

f *Corrigé d'après* **BCD** (**A** Finablement)

g **B** preigne **C** print **D** prenne

h **D** je te supplie

ensuyvit, si ne l'estimeroy je[a] que doulce felicité[b], au respect de l'assiduité de ma langueur : par laquelle je souffre la peine de plus de mil mortz. Or medites[c] doncques, si je n'ay occasion d'aspirer à cela, dont pour estre de moy piteux, tu t'esforces de me divertir. Certes par les parolles tiennes, tu me fais telle[d] indice, que facilement puis presumer, que tu ne preste foy à mon dire, quand je t'exprime l'acerbité douloureuse[e], que par jalousie je souffre : car si tu l'estimoys autant vehemente, comme je la sens, Je tiens pour indubitable, que ton vouloir se condescenderoit à la facilité de se conformer au mien. Et en aultres choses, tu n'aurois commiseration de moy, sinon que tu te contristeroys, **[f. C 7 v°]** que plus tost n'aurions l'entreprinse executée[f] : par laquelle j'eusse peu evader les calamitez souffertes : mais puis qu'encores n'est trop tard[g] ce qui se peult faire, je te supplye ne vouloir plus insister à l'encontre de mon desir : et te[h] persuade de croire, que peult estre que l'adventure ne sera si perilleuse, comme tu la conjecture[i].[51] Car c'est chose certaine, que toutes celles qui pechent, ne sont si promptement punies.

INTERLOCUTION DE LA DAME HELISENNE.

Apres que ceste dame eust à son dire mis fin, ainsi luy respondit son jeune amy :

---

a **B** l'estimeroye je **D** l'estimerois-je
b **C** que felicité
c **D** penses
d **C** tel
e **D** t'exprime la cruelle douleur
f **C** executé
g *Établi d'après* **BCD** (**A** tart)
h **C** et si te
i **D** penses

L'AMANT.

[f. C 8 r°]

Ma dame, les parolles de ta bouche proferées, evidemment me demonstrent, que tu observe la coustume des personnes, qui ayment parfaictement : lesquelles autant ou plus procurent le plaisir des personnes aymées, que le leur propre. Je dis cecy pource que j'ay certitude, que seulement pour me gratifier, tu as de toy licenciée[a] toute timeur[b] mortelle : toutesfois tu scez, que la vie perdue, recouvrer ne se peult. Plus riche don ne povoit Dieu et nature conceder à la personne, que de luy donner la vie : parquoy de nostre possibi- **[f. C 8 v°]** lité, la debvons conserver[52]. Tu dis ta vie estre tant angustiée[c], que plus aggreable te seroit la mort que la persistance de ta langoureuse affliction. Et pour ceste cause, tu presuppose, que je ne preste foy à tes parolles quand tu me recite tes anxietez : et l'occasion qui te presse de ce dire, est pour les difficultez que je t'exhibe[d]. Mais je t'asseure que je crois fermement tes acerbes[e] et intolerables douleurs, estre autant[f] grandes, comme par ta

---

[a] **C** licencié **D** chassée

[b] **D** crainte

[c] **D** angoisseuse

[d] **D** te monstre

[e] **D** dures

[f] **C** tant

narration tu m'en donne intelligence. Tu dis que si je le croyois, que promptement je concluroye de ta departie : mais tu debvrois estimer que mal delibere, qui par trop crainct. Si tu t'absente, mort[a] avec perpetuelle infamye t'accompaigneront[b] : si tu demeure, peine et cruciement[c] toy et moy entretiendront. Parquoy cela que je desire, je ne scay determiner. Tu dis estre possi- **[f. D r⁰]** ble : que l'adventure ne sera si perilleuse, comme je la juge : A cela je te respons, que les choses futures par les preterites[d] facilement se peuvent comprendre[53]. Tu vois combien inhumainement et cruellement la severité de jalousie envers toy s'est estendue : pour seulement presupposer, que tu parle quelque fois à moy : et si pour si petite cause, on use de crudelité[e] en ta personne[54], que feroit on quand urgente matiere de telle[f] chose faire presteroit occasion ? Je te certifie, que ma pensée nostre mal prevoyant, me faict plus que tu ne pense angustier, et trop plus comme je t'ay predict du tien que du mien travail. Je me dueil, las[g] ma dame, si extreme est la peine qui m'exagite[h], que si tu pleure avec les yeulx, larmes, je pleure goute de sang dedans mon cueur : et pource que presentement je congnois ta patience expugnée, ma dolente ame ne peult aul- **[f. D v⁰]** cune consolation recepvoir : et si ne pourray deposer ce qui me moleste, si tu ne prens quelque confort à ce que je t'exposeray : qui est, que s'il t'est acceptable et aggreable, me semble que utile nous seroit, premier que faire sentence et conclusion de nostre doubteux affaire, de differer quelque petit de temps : durant lequel, nous recogiterons[i] toutes les choses

---

a *Corrigé d'après* **BCD** (**A** morte)

b **C** t'accompaignera

c **D** torment

d **D** passées

e **D** cruaulté

f **D** matiere telle

g **C** travail, je me dueil. Las **D** travail, je me dueil ! Las

h **D** me tourmente

i **D** penserons à

qui nous pourroient faire offense : car affin que ne soyons prevenuz, fault aux futurs inconveniens pourvoir[a] de remede, tel que si on s'esforcoit de t'inferer[b] le mal que je presuppose, il fut en nostre puissance de resister. Si tu ne t'arreste à ceste mienne opinion, mal t'en trouveras : car à celluy qui de conseil est pauvre, toutes peines et travaulx luy succedent. Mais pour obvier à ce que la dilation nous pourroit fascher, c'est chose tres urgente que **[f. D ii r°]** le benefice litteraire nous preste secours[55]. Et pourtant bien te supplye, que quand nostre fidele et commun messagier, te consignera quelque mienne epistre, qu'elle ne demeure sans response. Car si tu estois negligente de m'escripre, et que demeurasse incertain de l'occasion, facilement se pourroit latiter[c] en mon cueur quelque timeur[d] : car pour certain qui ayme, craint et doubte, pource qu'amour et timeur[e] sont deux qualitez d'une mesme fontaine procedans : lesquelles ont de coustume de crucier[f] les subjectz de Cupido. Je ne te scay plus que dire : parquoy en silence attenderay ton ultime[g] determination.

INTERLOCUTION DE LA DAME HELISENNE.

Les parolles du jeune amy ne furent **[f. D ii v°]** sans larmes et douloureulx souspirs : et à l'heure, la dame de cruelle douleur fut tant chargée, que difficile luy estoit le prononcer. Toutesfois en accumulant, toutes ses forces, avec voix cassée[h] et debile, en ceste maniere parla et dist :

---

a **D** pouvoir
b **D** de faire
c **D** cacher
d **D** crainte
e **D** crainte
f **D** tourmenter
g **D** attendray ta derniere
h *Corrigé d'après* **CD** (**A** cassé **B** casseé)

LA DAME AMOUREUSE.

Si ta conception est plus apte à comprendre les inconveniens futurs, que n'est mon debile scavoir, à me preserver d'iceulx, **[f. D iii r°]** à amour et non à moy se doibt ascripre la coulpe : car si cestuy seigneur filz de Venus, a voulu user de si grand povoir sur moy, qu'en puis je mes ? Certes tu doibs croire que luy comme dominateur à moy, sa serve et subjecte, commande que je te prefere à toutes choses : faisant plus d'estime de ta personne, que d'honneur, de biens, et de tout ce enquoy consiste la felicité et prosperité des creatures humaines. Et si à telz commandemens craincte vient pour[a] contredire, en grande promptitude elle se trouve repulsée : sans luy vouloir permettre, de en ma presence assister[b]. Et quand ceste sublime puissance d'amour se treuve d'icelle craincte superieure, plus ne doubte riens : car raison de moy trop[c] loingtaine et fugitive, ne peult revenir pour à l'encontre d'amour insister[56] : et à ceste occasion suis stimulée, de **[f. D iii v°]** prononcer ce qui plus est delectable à celluy qui totalement m'a domptée. Et pource admiration ne te prengne des audacieuses parolles, que de moy as entendu[d]. Mais esmerveille toy comment la debilité femenine, a peu par si long temps la violente oppresse des

---

a **D** pous **E** vous

b **D** permettre d'assister en ma presence

c **D** riens, pour autant que la raison de moy par trop

d **BD** entendues

amoureulx aguillonnemens tolerer[a] et soustenir. Et si bien tu considere, tu jugeras que la persistance de telles extremitez, peult tant la condition muliebre attedier[b], que facilement la patience se sequestre. Je scay bien que tu la pense en moy revocquer, par le benefice de tes doulx et amoureulx escriptz[57]. Certes en cela ton opinion est bonne : Car je ne veulx nyer que ceste chose ne fut propre à me letifier[c], n'estoit une occasion que je te veulx assez amplement narrer, c'est que depuis quelque temps[d], la parente de jalousie est survenue : et si tu desire sca- **[f. D iiii r°]** voir, comment elle est nommée, je te certifie que son nom propre est detraction : Mais pour certain, ceste infelice et mauldicte[e] dame, est du tout insidiatrice de mon vouloir : car quand je suis en mon chasteau, elle est plus vigilante à me regarder, que ne fut jadis le tres cler voyant Argus à la garde de la transformée Yo[58]. Et pour ceste cause, si nostre caduceateur[f], en la presence de ceste detestable assistoit, certainement il luy presteroit matiere de preparer sa vicieuse langue au tien et au[g] mien desadvantaige. C'est ung instrument diabolicque : duquel a distillé et distille souvent superabondance de venin mortifere. Dont à aulcuns est cause de mort, et les aultres contamine. Certes la consideration de cela te doibt instiguer à ne plus me consigner quelque escript, voyant que non sans occasion il demoureroit sans **[f. D iiii v°]** response. Or pense donc combien augmenteront mes lachrimes[h], pleurs et douleurs, puis que par presence ne par escriptz, ne nous pourront plus consoler[59]. Certes pour me liberer[i] de ces

---

a **D** endurer

b **D** fascher

c **D** resjouir

d **D** c'est que nagueres

e **D** ceste malheureuse mauldicte

f **D** messager

g *Corrigé d'après* **BCD** (**A** aux)

h **D** larmes

i **D** delivrer

calamitez futures, je desire, que les trois déesses nommées Parques[a], viennent anticiper mes jours : et ce, est ma derniere conclusion[60].

INTERLOCUTION DE LA DAME HELISENNE.

La fin de ses propos avoit telle[b] efficace, qu'elle eust eu povoir de provocquer à pitié toute personne qui les eust entendu[c]. Parquoy voyant chose digne de tant grande compassion, je participoye aux angoysseuses douleurs des miserables amants[61]. Et à ceste occasion tel principe je donnay à mon parler[d] : O combien moy et les aultres **[f. D 5 r°]** sommes infelices[e] et d'entendement alienées, de venerer[f] et honnorer celluy Cupido ?[g] Las je vois ces deux gentilz personnaiges qui continuelement l'exorent[h] et encore ne le peuvent commouvoir[i] à commiseration : parquoy si nous estions bien considerantz[j], ne le debvrions aulcunement estimer : mais au contraire detester, execrer et blaphemer[k]. O mauldict et malicieux amour, qui tousjours vole par terre : et comme insidiateur à la porte d'aultruy continuelement gistz vehement[l] audacieux, contentieux, enchanteur[m], et plein de poison veneficque. O infame, scelere[n] et maulvais, du mal d'aultruy tousjours tu te

---

a **D** Parces
b **C** tel
c **D** entenduz
d **D** occasion je commençay à parler ainsi
e **D** malheureuses
f **D** d'adorer
g **D** Cupido !
h **D** le prient
i **D** esmouvoir
j **CD** considerantes
k **CE** blasphemer
l **D** continuellement vehement
m **C** audacieux, enchanteur, contencieux
n **D** meschant

letifie[a] : et du bien ne te fais que contrister[62]. Et pource ayant certaine intelligence de ta maligne nature, bien vouldroye qu'en ma faculté[b] fut de ton inquietude me liberer[c]. Mais il est trop difficile aux **[f. D 5 v°]** pauvres miserables qui sont tumbez en tes laqs, de povoir estaindre tes ardentes flambes : parquoy on ne se peult conserver des grandes anxietez, que tu infere à tes affligez serviteurs. Et à ceste occasion, plus leur seroit utile la fin de leurs vies, que le principe[d] de telles langueurs. Ces parolles furent par moy avec si grande vehemence prononcées, que j'estime pour certain qu'elles furent aptes à flechir le cueur de Venus, ensemble celluy de Cupido, pour estre timides[e] que le nombre de leur servans diminuast. Car tout subit apres mes invectives parolles, en ce lieu survint une preclaire[f] et resplendissante lumiere : dedans laquelle, je vis une ellegante forme femenine : laquelle estoit aornée d'une si supreme beaulté, qu'il me fut advis, que la splendeur qui tout le lieu illustroit, seulement procedoit d'elle. Son accoustre- **[f. D 6 r°]** ment estoit d'une si subtile toille de pourpre, qu'elle n'occupoit aultrement l'admirable et deificque beaulté corporelle de ceste dame, que faict ung cler voire, subtil, adapté devant quelque belle figure ou ymaige[63] : elle portoit sur son chef ung chappeau de rozes blanches et vermeilles, qui decoroit merveilleusement ses beaulx et reluysans cheveulx, qui couvroient ses candides[g] espaulles : Ausquelles[h] en blancheur nulle neige ou roze blanche ne se povoit equiparer. Je vis ses siderez[i] yeulx rians et joyeulx, qui la manifestoient à toute lyesse disposée : elle estoit

---

a **D** resjouis

b **D** puissance

c **D** delivrer

d **D** commencement

e **D** craintif

f *Corrigé d'après* **BC** (**A** pleclaire **D** clere)

g **D** blanches

h **C** Ausquelz

i **D** clairs

generalement de tous ses membres si bien formée, que par langue humaine ne se pourroit exprimer. Assez proche[a] d'elle estoit ung jeune personnaige : lequel tenoit en sa main ung arc, et si avoit grand nombre de sagettes, dont la plus grand part **[f. D 6 v°]** estoient dorées. Il avoit sur ses espaulles deux aesles de plusieurs et diverses couleurs. Ces choses distinctement considerées, me fut facile[b] à conjecturer, que ce jeune enfant estoit celluy que j'avoys si merveilleusement increpé : parquoy je compris que la dame, estoit celle qui la pomme contentieuse obtint[64]. Ainsi comme il approchoit du lieu où les desolez amants assistoient, je veiz que le petit Cupido regardant sa mere, apperceust que la ceincture d'icelle se desnouoit : et à l'heure il l'en advertit. Puis j'entendis que la déesse soubzriant telle parolle[c] prononca :

VENUS.

[f. D 7 r°]

Pour certain, mon trescher filz, je suis joyeuse que de ceste chose m'as advisée : car en ceste ceincture consiste[d] amour, cupiditez, delectations, doulces suasions, et toutes aultres choses : qui decoivent la pensée de tous hommes. Certes c'est

---

a **D** pres

b *Corrigé d'après* **BCD** (**A** sacile)

c **BD** telles parolles

d **C** consistent

celle (laquelle soubz[a] faulx donné[b] à entendre) Juno impetra de moy, dont advint que sans ma coulpe, je fuz fort nuysible aux nobles Troyens, que je desiroys favoriser[65] :

INTERLOCUTION DE LA DAME HELISENNE.

[f. D 7 v°]

En formant telles parolles, se presenterent devant les faces de ceulx qui en leurs services estoient si miserablement traictez : et les voyant les pauvres infelices[c], esmerveillez de telle vision, en grande promptitude se prosternerent en terre, affin de les adorer. Et lors la déesse avec une voix armonieuse, procedant du creux de sa poictrine amyable, profera parolles si melliflues, qu'elles sequestrerent la timeur[d] des deux amantz, et dit en ceste maniere, s'adressant au noble jouvenceau :

VENUS.

[f. D 8 r°]

Si pour le present, ma venue t'engendre admiration, je t'asseure que pour le futur, consolation te donnera. Car seulement pour te gratifier, en ce lieu me suis transmise : desirant te monstrer, que point ne suis déesse

a C c'est elle laquelle (soubz

b D donner

c D malheureux

d D qu'elles osterent la crainte

inexorable : mais au contraire estant remplye d'urbanité[a], doulceur et clemence, suis apte[b] à exaulcer les supplications de mes feaulx serviteurs : du nombre desquelz, à perpetuité te veulx retenir : desirant d'extirper de ta pensée les trop fascheuses considerations, dont elle est occupée : qui aultre operation ne font en toy, sinon que de consumer l'esprit et de dissiper le corps, comme par experience tu le scez[66]. Car la timidité[c] qui t'est intervenue, à telle extremité t'a reduict : que selon ton jugement, plus doulce la mort que la vie te seroit. Et pource moy, à qui ta perplexité n'est **[f. D 8 v°]** latitée[d], suis provocquée[e] à tant grande compassion, que plus n'ay voulu differer à t'exhiber[f], que ma sublime puissance, accumulée avec celle de mon filz, sont totalement disposées[g] à te conserver de toutes precipitations, que ceste[h] odieuse jalousie, pourroit à toy et à ta dame inferer : et de ce doibs avoir parfaicte confidence[i]. Car à nostre altissime[j] divinité, bien plus grande chose seroit possible. Et pourtant repulse ceste reprehensible timeur[k], pour eviter que le vice de pusillanimité on te attribue[l] :[67] et aussi considere, combien grans et delectables sont noz plaisirs. Parquoy tu doibs ensuyvre ma doctrine, sans plus aulcunement vacciller. De cela je n'admonneste ta gracieuse dame : Car je scay indubitablement, que comme ferme, stable et sans nulle

---

a **D** d'amytié
b **D** prompte
c **D** cruaulté
d **D** cachée
e *Établi d'après* **BD** (**A** sans provocquer **C** sans provoquer)
f **D** te montrer
g **D** dispersées
h *Corrigé d'après* **BCD** (**A** cest)
i **D** confiance
j **D** treshaulte
k **D** cruaulté
l **D** on attribue

varieté, elle a irrevocable deliberation de persister en nostre **[f. E r°]** service[68].

INTERLOCUTION DE LA DAME HELISENNE.

La suave et doulce[a] prononciation distillée de la bouche coraline de la treseloquente déesse, causa telle affection d'obeissance au cueur juvenil, que promptement et avec grande humilité dit telles parolles :

L'AMANT.

[f. E v°]

O souveraine déesse, unicque esperance de ma pensée, je ne puis ymaginer comment s'esforcera ma pusillanime vertu, à referer les sempiternelles[b] graces, dont je suis debiteur à ta supernelle divinité : puis qu'elle se rend facile à nous retenir soubz sa protection et seure garde : en laquelle tant je me confie, qu'avec hilarité[c] de cueur, suis appareillé à l'accomplissement de tes plaisirs, t'obsecrant[d] me vouloir pardonner, si jusques à present j'ay differé.

---

a **D** La doulce

b **C** referer sempiternelles

c **D** joyeuseté

d **D** te priant

INTERLOCUTION DE LA DAME HELISENNE.

Aussi tost que furent dictes ces parolles, se voulut Venus sequestrer[a]. Mais comme elle prenoit la voye de son partir, en cest instant pour insister à l'encontre d'elle, vint la déesse **[f. E ii r°]** Pallas : laquelle volant par l'ær, venoit couverte d'une creuse nuée : toute en telle sorte, que aultresfois se transmigra[b] à la fontaine, qui soubz le pied de Pegasus sourdist[69]. Et quand la prudente vierge se fut presentée devant les assistans, je commencay à la contempler, et principalement le souverain artifice de ses triplicites[c] accoustremens : lesquelz elle mesme avoit fabriquez[d] de ses propres mains sacrées. Je me delectoye à speculer la[e] subtilité de l'ouvraige de brodure[f] : en laquelle, sont comprins les sept vertuz, tant moralles que cardinalles. Plusieurs aultres ymaiges[g] de force bellicque et humaine prudence, sont figurées en iceulx habilemens[h]. La triplicité desquelz, avec ses entrechangeantes[i] couleurs estranges et non usitées, signifie que sapience est fort oculte et celée aux ignorans : et que peu de gens **[f. E ii v°]** peuvent discerner de sa varieté admirable et excellence interieure[70]. Et à ceste occasion, plusieurs sont, qui ne font estime des œuvres bonnes et dignes de louenge : car facilement se[j] desprise ce que l'on n'entend[71]. La predicte déesse aussi estoit armée : et la premiere piece de son harnois[k], estoit une sallade cretée,

---

a **D** absenter
b **D** se transporta
c **D** triples
d **D** faitz
e **B** sa **D** à contempler la
f **C** brouderie
g **D** aultres belles images
h **BCD** habillemens
i **D** changeantes
j **C** ce
k **D** de harnois

richement timbrée d'une chouette, et aornée d'une branche d'olive[a] :[72] laquelle est consacrée à Pallas, à cause que paix est quise[b] par elle : et la chouette, est mise en sa tutelle :[c] qui denote, que la personne prudente est aussi clere voyant en ses affaires durant les tenebres nocturnes, comme en la serenité du jour[73]. En sa cuyrasse, estoit inserée l'horrible teste Gorgonne[d], pour engendrer timeur[e] à ses ennemys. Elle avoit ung escu cristalin, qui est ferme et tres apparent : elle portoit une lance, banirée et ar- **[f. E iii r°]** moyée[f] : dont le boys estoit de grand longueur, et si avoit esles emplumées[g] aux bras et aux tallons[74]. En telle sorte estoit accoustrée la déesse de prudence et de fortitude : laquelle avec une gravité honneste, de sa voix divine, commenca à prononcer les motz subsequens :

PALLAS.

L'occasion qui m'a stimulée[h], O noble jouvenceau[i], de descendre des Olimpicques manoirs **[f. E iii v°]** en ceste region

---

[a] *Établi d'après* **BCD** (**A** D'olive)

[b] **D** requise

[c] **D** tutelle ? qui

[d] **D** teste de Gorgonne

[e] **D** cruauté

[f] *Établi d'après* **BD** (**A** armoye **C** lance, baniere et armoirye)

[g] *Corrigé d'après* **BCD** (**A** emplumuées)

[h] **C** stimulé

[i] **D** jouvenanceau **E** jouvenceau

terrestre, est pour la fervente et ardente benevolence, que je porte à ceulx qui sont amateurs de science : du nombre desquelz tousjours as[a] esté, jusques à ce que ton gentil[b] cueur s'est sentu intoxiqué[c] du venin pestifere, procedant des sagettes de cest aveuglé[d] Cupido : lequel presentement favorisé de sa libidineuse mere, ont usé de telle persuasion en toy : que peu s'en fault, que tu ne sois[e] submergé au perilleux gouffre de leurs abhominables lascivitez. Ce que considerant et aussi rememorant[f] tes preterites coustumes[g] : qui m'estoient plaisantes et delectables, je desire obvier à tes futurs perilz, te voulant retirer des erreurs de leur dangereux laberhinte[h] : et pour ce faire, veulx[i] que tu te recorde des intolerables anxietez, peines et travaulx : dont tu as esté persecuté, depuis que pour suyvre **[f. E iiii r°]** ceste damnable volupté, tu as donné principe[j] à te distraire de l'amenité, doulceur et suavité de ma delicieuse accointance. Certes si tu veulx dire la verité, toy mesmes confesseras, que plus qu'il ne seroit en ta faculté exprimer[k], combien d'amaritude et cruciement[l] tu as souffert : et toutesfois ainsi travaillant, sans fruict aulcun tu es demouré : et si jusques à present tu n'as eu quelque recompense, comment te peulx tu persuader, que pour le futur,

---

a **C** tousjours tu as

b **D** que ton honorable et gentil

c **D** s'est senty entaché

d **C** aveugle

e **C** fault que ne sois

f **B** memorant

g **D** tes coustumes passées

h **C** laberinthe **D** labirinthe

i **C** faire, je vueil

j **D** tu as commencé

k **C** faculté povoir exprimer

l **D** faculté d'exprimer, d'amaritude et torment

de telle crudelité tu[a] puisse chose utile ne proffitable[b] faire esmaner[c] ? Pour certain si bien tu considere, tu estimeras que le persister en cela, n'est apte à aultres choses, qu'à denigration d'honneur et acquisition de hayne perpetuelle : non seulement à toy, mais à ta posterité. Ces occasions te doibvent provocquer à deposer ce qui tant griefvement te moleste : ou si de ce **[f. E iiii v°]** faire ne t'esforce, tu ne seras de moindre infamie[d] à noter, que fut Seneus, qui d'homme en femme se transmua[75]. Je dis cecy pource qu'au precedent, que[e] d'amour illicite tu fusse espris, tu te exercois à œuvres viriles. Mais à ceste heure, je te vois si fort changé, que si tu ne mitigue[f] tes ardeurs ymaginatives par le moyen de temperance, pour certain totalement effeminé tu demeureras[76]. Mais puis[g] que par bon advis tu y peulx remedier, revocque ton entendement, et t'esvertue en ces operations : qui aux Dieux seront acceptables, et au monde honnorables : et sois investigateur de la congnoissance des choses ardues : et en cela, mon altitude[h] desire de te favoriser : et telement de Helicon t'arrouser, qu'en toy l'on jugera estre la divinité Platonicque : La Socraticque raison, l'eloquence de Cicero, et l'Aristotelicque[i] **[f. E 5 r°]** invention[77] : tu auras retention des choses preterites, preclaire entendement[j] des presentes, et utile prevision[k] des futures[78]. O medite[l] doncques combien ma sublimité te veult gratifier, puis

---

a **B** te **D** telle cruaulté te

b **C** utile et proffitable

c **D** venir

d *Corrigé d'après* **BD** (**AC** infame)

e *Corrigé d'après* **CD** (**AB** qui)

f **D** tu n'apaises

g **E** plus

h **D** ma grandeur

i *Ponctuation établie d'après* **C** (**ABD** Ciceron. Et l'Aristotelicque)

j **D** choses passées, claire intelligence

k *Corrigé d'après* **BCD** (**A** prucision)

l **D** Or pense

que tant effusement je te fais offre de mes inestimables thresors : lesquelz de toutes gens de splendides et clers esperitz sont preferez à ceulx de la déesse Juno[79] : et à ceste occasion, si doresnavant tu desire estre imitateur de vertu, tu feras de sorte[a] que mes salutiferes parolles fructifiront en toy : lesquelles bien considerées, tu trouveras que pour ta salvation je les ay dictes.

INTERLOCUTION DE LA DAME HELISENNE.

Ainsi comme la noble Minerve vouloit à son dire imposer fin, elle distingua ses yeulx divins de dessus le jou- **[f. E 5 v°]** venceau : et regardant la dame, elle apperceut, que de ses yeulx distilloit grande effusion de larmes : qui fut indice à la déesse, que les parolles proferées, estoient ennemyes des desirs de la pauvre desolée : parquoy la prudente déesse s'adressant à la dame, telles parolles forma :

PALLAS.

O infelice[b] et miserable dame, tu me donne certaine evidence, que mes utiles conseilz tu contemne : et voulant adhe- **[f. E 6 r°]** rer à Venus, ton inveteré vouloir aspire de faire repudiation d'avec pudicité. Et à ceste cause, je congnois que tu es totalement exoculée[c] et aveuglée, puis que adjoustant foy aux

a C de telle sorte

b D malheureuse

c D ofusquée

promesses de celles qui par si long temps de vaine esperance t'a abusée[a], tu ymagines[b] au moyen de sa faveur, ta misere prendre fin : mais le contraire par experience tu trouveras[c]. O malheureuse, quelle furie t'excite[d] à estre si prompte de succumber en la confusion de vilaine lubricité[80] ? O infortunée qui te meust de vouloir si inconsiderement rompre les sainctes lois de Juno ? Pour certain, si par toy ceste chose est perpetrée, à tel assemblement et conjunction ne vouldra assister Himeneus le gracieux Dieu des nopces, qui preside aux mariages legitimes[81] : mais en son lieu se transmigreront[e] celles que nous appellons furies[f], rages ou Eu- **[f. E 6 v°]** menides filles[g] d'Acheron fleuve infernal : qui signifie perdition de joye. La premiere, s'appelle Alecto, c'est à dire, non reposant. La seconde, Thesiphonne, et s'entend voix furieuse. Et la tierce Megera : qui se peult interpreter noyse et discord[82]. De ces troys diabolicques déesses tu doibs estre seure, qu'en ta coulpe adulterine t'accompaigneront. O[h] regarde si tu desire telle societé.[i] Certes n'estoit que ton entendement est obtenebré en l'obscurité d'amour vaine et inutile, tu me responderois que non. Parquoy moy congnoissant ce qui t'est necessaire, je desire de ma splendeur t'illuminer : mais ton perturbé esperit à l'altissime[j] lumiere ne pourra[k] attaindre, si tu ne congrege[l] toutes tes forces pour abolir ceste devorante flambe : laquelle si

---

[a] **C** abusé
[b] **D** tu penses
[c] **C** experience trouveras
[d] **D** t'a excité
[e] **D** se transporteront
[f] *Corrigé d'après* **CD** (**AB** furiez)
[g] *Corrigé d'après* **BCD** (**A** fille)
[h] **CD** Or
[i] **C** societé ?
[j] **D** à treshaulte
[k] *Corrigé d'après* **BCD** (**A** pourras)
[l] **D** tu n'assembles

tu y prens peine, par le moyen d'eaue de grace extinguible se trouvera[a].[83] O[b] **[f. E 7 r°]** pense donc d'investiguer si en toy consiste encores quelque vertu : affin que ceste liqueur celeste sur toy distille : et si telle beatitude te succede, à l'heure tu congnoistras[c] ta temeraire folye, te repentant de la longue consumation de temps en icelle.

INTERLOCUTION DE LA DAME HELISENNE.

Les parolles de Pallas n'eurent tant de vigueur, de povoir faire à la dame muer d'opinion : mais au contraire se retirant pres de Venus[d], tousjours en son inicque deliberation persistoit. Et lors la mere de Cupido voyant Minerve en silence remise, elle ne voulut plus taciturne demeurer : et seulement au jeune homme son deceptif propos adressa, qui fut à l'occasion, que de l'abusée dame assez se confioit. **[f. E 7 v°]**

VENUS.

Je suis certaine, O noble adolescent[84], que la prononciation de Pallas te faict aulcunement vacciler. Et[e] combien qu'au precedent de sa venue[f], tu te fusse au perseverer de l'amoureuse

---

[a] **D** grace inextinguible se terminera

[b] **CD** Or

[c] **C** l'heure cognoistras

[d] **C** pres Venus

[e] **B** vacciler. Combien **D** vaciler. Combien

[f] **D** qu'avant sa venuë

servitude totalement disposé, à ceste heure il n'est possible, que l'instigation au contraire ne soit cause d'ung merveilleux debat en toy : Car voyant le contemnement que ceste presumptueuse faict, de mon assez experimenté povoir, tu es agité de diversité de pen- **[f. E 8 r°]** sées qui te rendent perplex et doubteux, plus qu'à tes ans juvenilz n'appartient[a]. Je congnois que tu es timide[b], que je faille[c] à l'observance de la promesse que je t'ay faicte[d] : car ceste audacieuse Bellone[85] n'a oublié à te rememorer les fatigues[e] souffertes à l'amoureuse poursuytte : et pour d'icelle te dissuader, te donne à entendre que de chose si fascheuse ne peult quelque doulceur esmaner[f]. Mais son dire est bien de la verité aliené : car de tant plus que les amants ont pené et travaillé, de tant plus trouvent de delectation, quand à la desirée jouyssance ilz parviennent, à laquelle tu ne peulx faillir : et si tu crains les perilz qui naistre[g] en pourroient, cela signifie que totalement de moy tu te deffie : ou bien tu estime que ne soit en la possibilité de ma divine puissance, de te conserver : ce qui merveil- **[f. E 8 v°]** leusement me desplairoit. Car tu doibs indubitablement croire, que non seulement de mon filz et de moy tu auras faveur : mais oultre plus de l'ayde de mon amy Mars te[h] rendray digne[86]. Que veulx tu doncques plus differer ? Te veulx[i] tu arrester aux parolles de Pallas : laquelle te stimulle d'envelopper ta fantasie en ses sophisticques ymaginations, en ses disputations morales, phisicales ou metaphisicales ? voulant faire joindre ton ingeniosité contre l'obscurité de ses sillogismes polliticques[87] et intrinquez de

---

a C tes juvenilz ans n'appartient

b **D** tu crains

c **C** que je ne faille

d **C** faict

e **D** fascheries

f **D** sortir

g *Corrigé d'après* **BCD** (**A** n'aistre)

h **C** Mars je te

i **C** vouldrois

timeur[a], mal convenants[b] à tes tendres ans, pour estre plongée en la profondité de ses abismes investiguables, aux fonds de ses figures de difficile intellecture[c]. Au canal enigmaticque de ses propositions dubitables, et paraboles ambigues[88]. Certes si tu veulx en cela occuper ton gen- **[f. F r°]** til esprit, tu te trouveras de plaisir destitué[d]. Et quand en telle fascherie tu auras consumé ta gracieuse jeunesse, qui ne pourra retourner : lors tu te contristeras de l'avoir ainsi passée, sans user de la doulceur melliflue : qui en noz plaisirs consiste. Et pource pendant qu'est en ta faculté[e] d'en disposer, je te conseille que de toutes tes forces, tu resiste aux parolles persuasives, qui sont contraires à la propre inclination naturelle des jeunes gens de ton aage.

INTERLOCUTION DE LA DAME HELISENNE.

Incontinent que Venus fut taisible,[f] Pallas reprint le propos et dist ainsi : **[f. F v°]**

PALLAS.

---

[a] **D** cruaulté

[b] *Établi d'après* **BD** (**AC** convenantes)

[c] **D** intelligence

[d] *Corrigé d'après* **BCD** (**A** d'estitué)

[e] **D** puissance

[f] **D** Venus eut ainsi parlé

Combien que les parolles attractives de Venus te semblent suaves et doulces[a], si t'est il necessaire toutesfois en la maniere d'ung bon marinier estouper les aureilles, à ce que le chant des Serenes ne t'endorme et conduise en naufraige et perdition[89]. Car la mer de luxurieuse immundicité n'est pas seure. Soye bien ententif à mes parolles : lesquelles bien recogitées[b], je ne doubte point que tu ne te rende apte à l'execution de mon vouloir : car combien **[f. F ii r°]** que ceste deceptive et frauduleuse avec son artificielle eloquence, se soit efforcée de deprimer la vie contemplative[90], tu ne doibs à son dire prester foy : pource que si en delaissant la doulceur de Philosophie, tu te submectoys au plaisir venerien, grandement tu seroys[c] à contemner : pourtant que tu prefererois[d] la mensonge, à la verité : la tenebre, à la lumiere : la mort, à la vie : la folye, à la prudence : l'aveugle, au cler voyant : la misere, à la gloire : la pusillanimité, à la vertu[91] : l'indigence, à la richesse : la servitude, à la liberté : le vert, au secq : le doulx, à l'amer[e] : l'iniquité, à la bonté : et le transitoire, au perpetuel[92]. O combien par cela tu te divulguerois de toute honnesteté prodigue[f] dissipateur, puis que tu derelinqueroys[g] l'accumuler des thresors scientificques : auquel consiste toute felice beatitude[h]. O que **[f. F ii v°]** ceulx sont tresheureulx, à qui la solitude de leurs pensées est unicque refuge. O gracieuse vie : de laquelle procede la congnoissance de soy mesme, le sequestre de vice, le repos du corps, la tranquillité de l'ame, la vraye consideration des choses utiles, la declination de tous perilz, insidiations et circonventions d'ennemys. Pour certain

---

a **D** semblent belles et fort doulces

b **D** pensées

c **C** grandement serois

d **C** preferoys

e **E** la mer

f *Corrigé d'après* **BCD** (**A** prodicque)

g **D** delaisseroys

h **D** toute beatitude

tant de doulceurs[a] se trouve en cest exercice, que celluy Grecq qui au noble Ilion donna l'ultime[b] ruyne, entre les precipiteuses œuvres de la guerre, aultre dilection[c] que sollitude ne trouva[93]. Parquoy à bonne raison se doibt nommer ung reposé exercice. Il est proclamé par les anticques, et celebré par les modernes. Parquoy estant chose tant estimée[d], tu ne doibs faillir de[e] l'imiter : ce que facilement tu feras, si avec pensée reposée, tu consideres quelle est la fin de ceulx qui **[f. F iii r°]** suyvent vie lascive : Car tu es homme d'assez grand entendement remply, pour remettre ceste anxieuse fatigue[f]. Et si par fantasie en amour tu es entré, par sapience, tu en peulx yssir. Depose doncques les voiles au port de seure tranquillité[94], en te disposant infalliblement à l'accomplissement de mes preceptes.

INTERLOCUTION DE LA DAME HELISENNE.

Tout subit[g] apres l'exposition de Pallas, arriva ung personnaige, dont la veue aux assistans causa timeur[h] : tant à l'occasion de ce qu'il estoit laid et odieux, que pource que tout en murmurant et menassant se pourmenoit. Ce que voyant la déesse de prudence, aux affligez amants commenca ainsi à parler : **[f. F iii v°]**

---

a **D** doulceur
b **D** la derniere
c **D** delectation
d *Corrigé d'après* **BCD** (**A** extimée)
e **D** à
f **D** facherie
g **D** Incontinent
h **D** peur

PALLAS.

Si promptement tu ne te delibere, de selon moy te regir et gouverner, ton infelicité future t'est manifeste : puis que presentement ce pervers personnaige (le nom duquel est Inconvenient[95]) en ce lieu assiste. Ne vois tu comme il use de cruelles menasses ?[a] ausquelles il fera ensuyvre les effectz. Pour certain il me faict indice[b], qu'il veult ses antiques coustumes observer : qui sont telles, que jamais il ne[c] fault d'assister entre ceulx qui d'amour illicite sont surpris : cler tesmoinaige[d] t'en doibvent rendre les hi- **[f. F iiii r°]** stoires[96]. Recorde toy du grand Alchides : auquel l'amour d'Yolle fut cause d'ignominieuse[e] mort. Rememore Leander et Hero : lesquelz furent submergez. Considere comment Pirrhus pour l'amour de Hermionne par Horeste le coup mortel receut. Te souvienne du gracieux Hyphis : qui pour Anaxaretes sa vie termina. Et Sapho, qui fist tant de carmes Liriques : et inventa les Saphicques vers[f] : pour l'amour de Phaon, elle[g] mesmes se precipita[97]. Et tant d'aultres en y a : ausquelz, cest Inconvenient est nuysible,

---

a **C** menasses,

b **D** demonstrance

c **C** jamais ne

d **C** tesmoignaige **BD** tesmoignage

e **C** fut cause d'une ignominieuse

f **C** les vers Saphiques

g *Ponctuation corrigée d'après* **BD** (**A** Phaon. elle **C** Phaon : elle **E** Phaon elle) que pour eviter prolixité, me deporteray de les specifier : car j'estime en avoir assez dict, pour exciter tes forces à faire, comme le scavant Phisicien[a] :[98] qui prevoyant la future infirmité, s'estudie de subvenir[b] au corps humain et y donner remede. Parquoy à l'imitation d'icelluy, en usant de prudence, **[f. F iiii v°]** tu pourras obvier, non seulement à la perdition du corps : mais aussi de l'ame.

INTERLOCUTION DE LA DAME HELISENNE.

Finies les utiles parolles, Venus dit ce qui s'ensuyt :

VENUS.

Par ce que presentement je voys, si[c] je me fusse absentée, les superflus propos de Pal- **[f. F 5 r°]** las facilement t'eussent peu vaincre : pource qu'en ta faculté, ne seroit de à[d] l'encontre d'elle resister[e]. Car si elle a bonne grace à nous detester, encores excede celle grace : avec laquelle elle s'extolle. Mais pour ne le vouloir resembler, ne veulx user d'affluence de parolles pour confondre ces proposées allegations : lesquelles bien debatues, se trouveroient de petite valeur. Mais seulement

---

a **D** Medecin

b **D** s'estudie subvenir

c **D** voy, que si

d **C** ne seroit à

e **D** seroit de resister à l'encontre d'elle

te[a] veulx exhorter, de suyvre cela, à quoy le naturel desir t'incite, et provocque. Et si de ce faire tu differoys, pour estre d'inconvenient timide[b], je veulx que de ceste craincte tu te desiste : pource que veu l'offre que je t'ay faicte, tu n'en as occasion. Mais encores si selon ton jugement elle n'est suffisante pour te liberer[c] de perplexité, je te certifie qu'en faveur de moy[d], le filz de Phœbus et de Coronis t'aydera[99]. Certainement celluy dont je te **[f. F 5 v°]** informe, a eu tant de povoir, qu'il scavoit toute vulneration[e] soulder. Et d'advantaige encores que les ames fussent de ce monde transmigrées[f], facilement en leurs refroidiz corps les faisoit retourner. Aultresfois à la requeste de Diane il resuscita Ypolithe : et de ce faire ne le peult empescher Pluto : qui aux enfers le predict Hypolithe retenir vouloit. Et pour ceste cause, luy fut changé son nom primitif : Car depuis Virbius[g] fut appellé, c'est à dire, deux foys homme[100]. Tu me pourroys dire que de la faveur de ce scientificque medecin, au temps preterit t'eusse[h] bien peu ayder : mais que pour le present ne seroit possible, pource que par l'altitonant[i] Juppiter, il fut jadis fouldroyé. Mais je t'asseure que nonobstant cela, je persuaderay mon frere Mercure en telle sorte, qu'avec la vertu de son caducée, des **[f. F 6 r°]** champs Elesiens[j] le retirera[101], pour le reduire en cestuy hemisphere[k] :[102] affin qu'il te puisse gratifier. Et si tu crains que Juppiter ne vueille telle chose permettre, je veulx que tu depose toute

---

a **D** je
b **D** douteux
c **D** delivrer
d **C** qu'en ma faveur
e **D** blesseure
f **D** trespasées
g **E** Viribus
h **D** temps passé t'eust
i **D** le souverain
j **BD** Elysiens **CE** Elisiens
k **D** monde

timidité[a] : qui à ceste occasion pourroit ton cueur molester. Car je t'asseure que moy qui suis sa treschere et aymée fille, l'instigueray[b] telement, qu'il ne differera telles choses conceder. Et encor quand il considerera que c'est pour subvenir[c] et secourir aux amoureulx, cela pourra facilement corroborer le vouloir qu'il aura de me complaire : car icelluy souverain dieu a bien experimenté, quelle peine peult propiner[d] jalousie aux personnes aymantes. Certes il rememorera les persecutions que[e] assiduelement luy ont faict les inveterées ymaginations de Juno. O maledicte jalousie, tu fuz jadis cause de transformer de telle sorte la fille de Inachus, que d'elle mes- **[f. F 6 v°]** me elle s'espoventoit[103]. O cruelle tu fuz occasion que la predicte Juno couvrit sa splendide[f] deité en se monstrant à Semelle[g], luy donnant conseil de sa mort et extermination[104]. O fascheuse[h], par toy fut la belle Calisto en une vieille ourse muée[105] : et tant d'aultres maulx ceste insidieuse jalousie a faict à la prealleguée déesse perpetrer, que trop long en seroit le recit. O que c'estoit ung singulier bien, quand la gentille Nymphe Echo, par son subtil langaige la decepvoit. Ce que long temps ne permist, ceste detestable jalousie : car de l'ingeniosité telle indice fist, que s'en apperceust Juno. Parquoy s'en ensuyvit telle vengeance, que jamais depuis Echo ne sceust commencer aulcune raison : mais qui la commence, elle la fine, recordant les derniers motz[106]. Mais[i] combien que l'ire de Juno ayt esté en Echo executée, si n'a peu jalou- **[f. F 7 r°]** sie empescher, qu'à la fille de Inachus, n'eust esté sa forme restituée, retournant en

---

a **D** cruaulté

b **D** la chercheray

c **D** survenir

d **D** donner

e **D** qui

f **D** claire

g **D** Semélé

h *Corrigé d'après* **BCD** (**A** sascheuse)

i **D** Et

sa premiere beaulté. Aussi n'a elle peu[a] garder, que Calisto ne fut stellifiée[b]. Et puis doncques, qu'elle a esté superée[c] quelque foys au preterit[d], il n'est impossible que futurement[e] elle la soit : et pource tu n'as occasion de differer, ce que long temps a debvroit estre accomply.

INTERLOCUTION DE LA DAME HELISENNE.

Les propos de Venus n'estoient encores finyz, quand devant noz yeulx se presenta et offrit ung monstre grand et merveilleux : duquel la veue nous engendra admiration. Et à l'heure la déesse Pallas en interrompant le propos de Venus, au jeune homme adressa son parler et dit ainsi : **[f. F 7 v°]**

PALLAS.

Puis que je congnois, que tu n'es moins esmerveillé que timide[f], je te veulx certiorer[g] de cela dequoy tu es ignorant : et qui tant de diverses ymaginations pourroit faire en ta fantasie assister[107]. Je suis certaine que l'inopinée venue de ceste chose

a C Aussi n'a peu

b **D** ne fust coloquée entre les astres

c **D** surmontée

d **D** passé

e **D** qu'à l'advenir

f **D** craintif

g **D** acertener

monstrueuse, a accumulé en toy une tremeur[a], meslée avec ung affectueux desir : que tu as de scavoir dont[b] telles choses procedent[c]. Mais pour te donner intelligible certitude de son origine, tu doibs entendre que **[f. F 8 r°]** apres la mort des Gigantz[d], fut procrée de nostre grand mere Cibelle. Et l'occasion pourquoy elle fut produicte je veulx narrer : qui fut, pource que la terre enflambée, voyant l'extermination des predictz Gigantz[e] ses enfans, elle fut contre les Dieux si irritée : que promptement elle fist[f] naistre ceste[g] odieuse, telle que presentement tu la voys : Elle[h] la fist agile de piedz, ayant grandes aesles et legieres. Regarde la grandeur de son corps : lequel est tout couvert de plumes. Considere la multitude innumerable de ses clers et vigilans yeulx : et autant a de bouches[i], langues et oreilles : affin que mieulx elle soit de toutes nouvelles annunciatrice. Pour certain tu doibs croire qu'elle est pleine de grande velocité[j] : et plus chemine, et plus[k] augmente ses forces : et si n'est jamais par mobilité exterminée : et combien que du prin- **[f. F 8 v°]** cipe[l] elle semble petite, par craincte, puis apres si fort elle se lieve, qu'elle vole jusques à l'altitude[m] des nues : et aulcunesfoys en terre se latite[n] : puis promptement jusques au ciel se reduict[o].

---

a **D** crainte

b **C** d'où

c **BD** telle chose procede

d **D** Geants

e **D** Geantz

f **C** promptement feit

g **D** cest

h *Ponctuation établie d'après* **BD** (**A** voys, Elle **C** vois. Elle)

i *Corrigé d'après* **BCD** (**A** bouche)

j **D** legereté

k **C** chemine, plus

l **D** commencement

m **D** la haulteur

n **D** se cache

o **D** se rend

Durant les nocturnes tenebres elle vole : en investiguant[a] l'ombrageuse obscurité, pour estre tel temps apte à faire choses dommageables. Et quand Aurora eslargist sa lumiere, elle reside sur les sumptueulx et magnifiques palais, pour fortifier scandale, puis se transmigre[b] dans les populeuses citez : ausquelles elle faict[c] noyses et discord[d]. Et autant de mensonges elle controuve[e] et rapporte, que de choses veritables, en emplissant les aureilles des auditeurs de diverses merveilles : et tousjours s'esforce de divulguer et vulgariser[f] les faultes d'aultruy. O qu'elle est cause d'extremes[g] maulx, pource que beaucoup sont meilleurs les pe- **[f. G r°]** rilz, secretz, que[h] les coulpes manifestes. Ce que considerant, tu doibs totalement les conseilz de Venus contemner : puis que tu vois, qu'icelle (le nom de laquelle est Fame[i])[108] s'appareille pour ne vouloir permettre l'imaginée faulte occulter[j]. Et sur cela fault que tu medite[k], que si par toy elle est perpetrée, il n'y aura ne Mavors ny Esculapius[109] qui du peril d'elle vous conserve : car encores qu'ainsi fut que du peril de mortel inconvenient fussiez preservé[l], tant d'anxietez icelle vous inferera[m], que la fin de voz vies desirerez : et lors jugerez que triste est la victoire, qui de raison est alienée. Je t'asseure que de desirer de plus ou de moins vivre : est ung certain appetit : qui entre les hommes

---

a C vole, investiguant **D** vole en cherchant

b **D** se transporte

c C citez, où elle faict

d C discordz

e C mensonges controuve

f **D** publier

g **D** de grands

h *Ponctuation établie d'après* **CD** (**AB** perilz, secretz)

i **D** Renommée

j **D** cacher

k **D** tu penses

l C preservez

m **D** d'anxietez elle vous fera

scientificques n'est beaucoup apprecié[a] : Car plustost vueillent mourir à honneur que vivre à honte. En cela tu les debvrois ymiter, **[f. G v⁰]** ne desirant point tant la conservation de ta vie, qu'elle peult estre cause, que ta renommée ensemble celle d'aultruy fut de perpetuelle infamye maculée. J'ay certaine congnoissance, que non seulement t'empesche Venus d'adherer à ma volunté : mais encores l'evidence que tu as de ce que ta partie[110] aulcunement te provocque, te rend tant plus à la volupté flexible. Mais toy estant plus que la dame prudent[b], te fault considerer, que d'autant plus qu'elle, tu seroys de reprehention digne[111]. Et aussi tu doibs penser combien qu'aulcunement elle t'exhorte, si n'es tu pressé, comme fut Hypolite : lequel fut tenté, pryé et provocqué de consentir au libidineux coucher de sa marastre, et si totalement en fit refuz : et pource n'en fut violenté ne contrainct[112]. Tu ne doibs doncques craindre resister t'e- **[f. G ii r⁰]** stre impossible. Toutesfois[c] affin d'evader toutes fascheries : qui te pourroient intervenir, te veulx instiguer[d] que de ceste perilleuse societé tu t'absente, en evitant la speculation de l'object. Car je t'advise qu'encores que la chandelle ardente adaptée contre la blanche muraille ne la brusle, si demeure elle maculée de la fumée d'icelle. Certes tant est approuvée l'humaine fragilité, que merveilleusement te sera utile la voye de ton partir.

INTERLOCUTION DE LA DAME HELISENNE.

Pource que grande puissance a une langue diserte, es choses altissimes[e] et ardues[113], l'accommodée narration de Pallas fut occasion de faire condescendre l'amoureux, à la sequestre. Parquoy delaissant toute cure et sollici- **[f. G ii v⁰]** tude

---

a **D** approuvé

b *Corrigé d'après* **BCD** (**A** prudente)

c *Corrigé d'après* **BCD** (**A** toutessfois)

d **C** je te vueil instiguer **D** te veulx inciter

e **D** haultes

d'amour, avec modeste alleure à suyvre la déesse dressa son chemin. Ce que voyant la dame amoureuse, fut de cruelle douleur tant molestée, que quelque espace fut sans povoir aulcunes parolles former. Mais les forces ung petit restituées, luy concederent la faculté[a] de prononcer telz motz :

LA DAME AMOUREUSE.

O homme scelere[b] et prompt à mutabilité[114], Pourquoy te distingue[c] tu de celle que tu faignois tant aymer ? Helas quelle sini- **[f. G iii r°]** stre cogitation te provocque à me crucier et tourmenter[d] ? doy je perdre sans ma coulpe la consolation que j'avoye en ta personne ? ay je offense perpetré[e], parquoy je deserve telle premiation ? Certes si trop fervente et constante amour n'est pour faulte reputée, je ne pense point avoir failly. Tu sces bien que ce que les aultres trouveroient intolerable, je l'ay pour toy avec patience supporté. Et toutesfoys toy estant flexible à persuader, tu use de telle descongnoissance[f] envers moy, que d'aultre[g] glaive ne me fault pour me tuer que la consideration de ta vituperable ingratitude. Et pource avec le

---

a **D** le povoir
b **D** meschant
c **D** te separes
d **D** provoque à me tormenter
e **D** perpetrée
f **C** recognoissance
g **D** qu'autre

tiltre de ta crudelité[a], je sens Atropos, qui mon douloureux cueur vient saisir. Et quand je seray de ce calamiteux monde decedée, la vulgaire[b] renommée de si effrenée mort, contaminera ton nom. Car chascun dira, **[f. G iii v°]** en te voyant, regardez le cruel : qui par sa varieté, à mort a conduict la plus loyalle et fidelle amante : que jamais soubz le ciel fut produicte. Et à l'heure recongnoissant ta faulte, tu seras tant angustié et adoloré, que voluntairement tu te donneras la mort.

INTERLOCUTION DE LA DAME HELISENNE.

Cependant que la dame telle clameur faisoit, l'on veoit appertement, que les parolles estoient au cueur conformes. Car de part en aultres[c], en divers mouvemens regardoit, comme personne : qui par superante humeur melencolicque[115], de son vray sens naturel alienée seroit. Ce que apperceu par Venus, qui encores ne l'avoit delaissée : doulcement la print à reconforter, et luy dit ainsi : **[f. G iiii r°]**

VENUS.

Si bien tu consideres, dame, tu ne trouveras cause qui te deust instiguer à telle desesperation. Car la perte d'ung tel pusillanime, ne doibt à si gentille personne que toy tant

[a] **D** cruaulté
[b] **D** commune
[c] **D** autre

d'anxieté donner. Mais presentement tu te debvrois repentir d'avoir eu tant de fatigues[a] et de travail[b], pour mettre peine d'acquerir homme de si petite hardiesse. Il t'est assez manifeste, que non obstant toutes mes offres, que accompagné de craincte, il s'est de toy absen- **[f. G iiii v°]** té[116] : dont il desert, qu'avec assiduité on l'impropere. O que vergonneux[c] est le salut, Qui[d] par le fouyr s'acquiert : et heureuse est la mort, qui de force de couraige procede[e].[117] Certes le voyant de telle timeur[f] agité, tu debverois mediter[g], que puis que sans estre assailly[h], il craint, tu n'eusse peu esperance en luy remettre, quand au peril de ta vie te fusse veue. Et pource je veulx que tes lamentations cesses[i], t'asseurant : que ma faveur accumulée avec ta valeur et gentiliesse, te promettent[j] doresnavant en amour bonne fortune. Et ne doibs doubter, que du service d'ung amy loyal, et d'entiere cordialité, ne te rende contente : mais si pour timeur[k] d'estre d'infidelité increpée tu differois[l] en aultre amour te lyer, je t'estimerois bien simple : car amour, qui est ton prince, ne s'en fera que letifier[m]. Tu ne seras digne de reprehention, puis que l'in- **[f. G 5 r°]** felice et malheureux[n] amant, temerairement t'a voulu derelinquer[o]. Et pource, crois mon conseil : affin

---

a **D** fascheries
b **C** fatigues et travail
c **BCD** vergongneux
d **BCD** qui
e *Corrigé d'après* **BCD** (**A** pocede)
f **D** crainte
g **D** penser
h *Corrigé d'après* **BCD** (**A** assally)
i **D** cessent
j **D** promettant
k **D** crainte
l **C** increpée differois
m **D** resjouir
n **D** puis que le malheureux
o **D** delaisser

d'experimenter les continuelz delectables plaisirs que ma divinité te promect.

INTERLOCUTION DE LA DAME HELISENNE.

Tant d'efficace n'eurent les remonstrances de la déesse, qu'en partie aulcune de l'obstinée volunté commouvoir la peussent : mais comme ferme et stable respondit :

LA DAME AMOUREUSE.

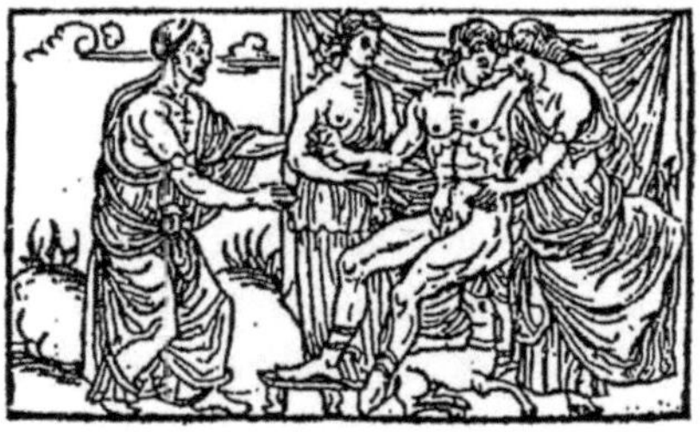

[f. G 5 v⁰]

Combien que mon cueur affligé ayt juste occasion de se complaindre, pour l'avoir de moy aliené et posé en ung lieu : auquel n'a eu les convenables traictemens, que sa constance requeroit, Si fault il, que perpetuellement il y face[a] residence : car plustost m'exposeroye à tous les tourmens que l'on scauroit excogiter[b], que penser de l'en distraire. Et pource, affin de n'augmenter mes douloureuses afflictions, je vous obsecre[c], qu'à ce propos imposez fin[118].

INTERLOCUTION DE LA DAME HELISENNE.

Tost apres ces parolles dictes, Venus comme desirante de la dame gratifier, tournée devers Cupido, ainsi luy dist : **[f. G 6 r⁰]**

---

a BD il face

b D imaginer

c D prie

VENUS.

Trescher filz en toy seul consiste mon honneur et ma gloire : tu es ma lance et mon escu : vers lequel, nul ne peult resister. Et pourtant tresaffectueusement te supplie qu'en grande promptitude, prengne[a] celle de tes fleches dorées : qui te semblera plus apte à faire naistre ung[b] amour vehemente dedans ung cueur : qui est totalement refroidy. Et aussi ne veulx, que tu oublie ton brandon ardent : qui jusques aux os les amants brusle. Et estant ainsi, tu prendras ton vol vers l'université d'Athenes[119] : au- **[f. G 6 v⁰]** quel chemin n'y aura faulte, que tu ne rencontre Pallas : laquelle a ceste desolée dame de son amoureux spoliée : et me persuade qu'elle le veult convertir de à perpetuité estre chaste[c]. Parquoy est bien necessaire que de nouveau tu luy transfixe[d] le cueur, pour donner evidence de la sublimité de ton povoir : lequel est tant altissime[e], qu'il a bien superé[f] Juppiter[120]. Te souvienne de la vengeance, que tu prins de Phœbus, qui ta puissance contemnoit[121]. Recorde toy que Neptunus, Alpheus et aultres Dieux marins avec leurs puissances aquaticques n'ont peu estaindre tes flambes[122].

---

a **C** prenne **D** prennes

b **C** une

c **D** convertir d'estre chaste à perpetuité

d **D** navres

e **D** haut

f **D** surmonté

Rememore aussi comment Narcissus : qui toutes dames et gentilles Nymphes reffusoit, ne peult toutesfois eviter, que de sa propre beaulté ne fut pris[123]. Certes beau filz, si preteritement[a] tu as manifesté de tes fleches la force et **[f. G 7 r°]** vertu, l'heure est venue, que bien les fault approuver : car si ainsi ne le faiz, je tiens pour indubitable, qu'à l'instigation de Pallas, plusieurs seront semblables en chasteté à elle et à Dyane[124]. O[b] regarde doncques d'estre diligent à l'accomplissement de mon vouloir : affin que la renommée de nous ne se adnichile.

INTERLOCUTION DE LA DAME HELISENNE.

En disant telz ou semblables propos, on veoit la tresbelle Venus : qui de sa bouche riant[c], donnoit à Cupido plusieurs baisers. Et lors estant esmeu des[d] continuelles persuasions de sa mere, luy promist d'user de cruelle vindication[e] contre celluy : qui vouloit ainsi insister contre ses loix. Pour certain il estoit assez intelligible et **[f. G 7 v°]** facile à congnoistre, qu'il estoit oultrageusement irrité. Car de son couroux faisoient indice ses yeulx, dont il regardoit de travers, et d'ardeur penetrative estincelloient. Et à l'heure sans aultre dilation, laissant Venus avec ses charites[f],[125] d'elle se sequestra[g]. Et debvez croire, que gueres ne fut longue l'absence du petit Cupido : car en grande promptitude à ses parolles il fist ensuyvre l'effect : de telle sorte, que l'amant, plus enflambé que precedentement n'avoit esté, fut stimulé et contrainct de donner principe[h] à son retour. Mais incontinent, que de la dame se

---

a **D** si par le passé
b **D** Or
c **C** riante
d **D** de
e **D** vengeance
f **B** charitez **C** charites **D** Charites
g **D** se separa
h **D** commencement

voulut faire proche, Cupido (duquel l'ire n'estoit refrenée) luy propina une chose plus acerbe[a] que la mort. Car en se tournant vers sa voluptueuse mere, ainsi luy dit : **[f. G 8 r°]**

CUPIDO.

Trop grande beatitude seroit à celluy qui de nostre puissance vouloit estre contemneur, si à ceste heure à son ardeur trouvoit quelque refrigeration. Parquoy presentement la juste yre contre luy conceue, me instigue à perpetrer chose contre mon vray naturel : car j'ay de coustume d'enflamber, brusler et consumer. Toutesfois pour donner exemple tant aux modernes qu'aux posterieurs, de ne plus user de rebellion, je veulx estaindre les flambes **[f. G 8 v°]** qu'ay aultresfois allumées en l'angustié cueur de ceste dame : telement, qu'une seule scintille n'y demeure[126].

INTERLOCUTION DE LA DAME HELISENNE.

Ceste proposition ne fut à Venus desplaisante : parquoy avec extreme diligence, comme il avoit determiné, ainsi le fist : et avec ce, le cueur de la dame d'une fleche plombée transperca[127] : et apres avoir[b] ce faict, tout subitement Venus et Cupido se disparurent. Depuis que se furent departiz les corps celestes, j'apperceuz l'amant, qui tresinstamment à sa dame

---

[a] **D** luy donna une chose plus cruelle

[b] **C** avoit

prioit, qu'elle voulut mediter[a] quelque moyen : affin que luy fut imparty le don d'amoureuse mercy[128] : mais la dame qui se sentoit de la precipiteuse charge d'amour liberée[b], à toutes ses[c] sup- **[f. H r°]** plications se monstra seurde : et ce qui plus le[d] retardoit, ce fut la survenue d'une dame (le nom de laquelle estoit Honte) qui commenca à telle parolle former :

HONTE.

Puis que je te voy distinguée de cest[e] inique et miserable amour, admiration ne te prengne[f] si je reviens : combien que par plusieurs foys par les effors d'icelluy tu m'aye rigoreusement repulsée : car pource que je suis celle qui refrene les desordonnez appetiz, tu me detestoys : et les remonstrances que continuelement je te faisoye[g], pour estre ennemye de tes desirs ne te povoient plaire : mais à ceste heure que de telle inquietitude tu es quitte, Recorde toy de ce que profere le Saige Hebraicque, **[f. H v°]** quand il dit, parlant à l'homme, Ne te separe de ta femme[129], qui a bon sens : laquelle tu as prinse en la craincte de Dieu : la grace de sa louable honte est par dessus l'or : cela signifie, que par moy l'on s'eslongne du[h] vice, en s'approchant et corroborant de vertu.

INTERLOCUTION DE LA DAME HELISENNE.

La prononciation de ces motz eust tant de povoir, que tout subit[i] fut l'amant avec toute rigueur repulsé. Parquoy

---

a **D** penser
b **D** delivrée
c **D** les
d **BD** la
e **C** ceste
f **CD** prenne
g **C** continuellement te faisoye
h **BD** de
i **D** qu'incontinent

contraincte luy fut avec son ardeur inestinguible, soy absenter. Toutesfois à ce se vint opposer Sensualité : qui commenca à exhorter la dame de non delaisser les mondaines delectations[130] : luy rememorant les plaisirs passez tant en regardz impudicques, qu'en devises aux gestes conformes. Estant **[f. H ii r°]** la dame en ceste bataille si fascheuse, eust esté vaincue si Raison ne luy eust esté secourable en ceste urgente necessité : laquelle vint à dire qu'à elle la domination appartenoit : à quoy respondit Sensualité, que par trop long temps y avoit que lieu de superiorité avoit obtenu. Parquoy si facilement ne vouloit le gouvernement derelinquer[a]. Raison dit, que, nonobstant sa longue absence, si vouloit elle en sa residence anticque[b] retourner : et que grand tort on luy a faict, d'usurper ainsi son droict. Parquoy est deliberée de telement proceder, que par justice sentence diffinitive en seroit prononcée. Et à l'heure comparurent justice et equité, pour imposer fin à ce debat. Ce que voyant Raison, commenca ainsi à dire[c] : **[f. H ii v°]**

RAISON.

Combien qu'assiduelement à l'encontre de l'esperit tu insiste, si demoureras tu confuse[131]. Car estant[d] l'ame, celle qui doibt informer tout ce qu'au gouvernement de l'homme est

---

a **D** delaisser

b **D** ancienne

c **D** commença à dire ainsi

d **D** confuse. Estant

necessaire : Et comme royne et dame regir et gouverner le corps. Mais pource que les choses animées sont transmuables, selon leurs desertes sont premiées ou punies. L'ame qui est du bien et du mal capable, par la force de son liberal arbitre avec l'ayde de Dieu peult operer cela, **[f. H iii r°]** que plus luy plaist : et est si grande sa possibilité, que soy et aultruy peult saulver : et en adherant à la divine volunté, toutes choses luy succedent en beatitude : et en operant le contraire, de cela est premiée. Et le corps (si elle n'est consentante) n'est point de si grand force qu'il la puisse convaincre[132] : et pourtant tu ne doibs esperer d'estre superieure. Riens ne te sert de alleguer le long temps de ta possession : Car presentement l'ame repentante, est de Dieu favorisée, et congnoist le mal qui de toy procede : car elle voit qu'apres avoir rompue[a] sa foy envers son espoux, tu luy as engendré peché : et peché, apres qu'il est consummé, enfante la mort : comme tesmoigne Sainct Jacques en sa Canonicque[133], qui est bien effect contraire du divin espoux : lequel engendre une belle lignée, j'entends par multipli- **[f. H iii v°]** cation de bonnes œuvres : car l'espoux rend l'espouse[b] feconde, et de ces deux unis ensemble vient grand fruict : et non d'ung tout seul. La mere en est le principe[c] materiel. Le pere est le principe[d] formel et principal[134], c'est à dire, que les fruictz et lignées de bonnes operations ne sortent pas de nous sans nostre cooperation, ne par la grace de Dieu seule ou semence du sainct Esperit[e]. Ne pareillement de nostre seul liberal arbitre : mais proviennent des deux, c'est assavoir, de la grace divine : comme premiere cause complete et parfaicte, et de nostre liberal arbitre, comme principe[f] materiel,

---

[a] **D** rompu

[b] *Établi d'après* **BD** (**AC** response)

[c] **D** commencement

[d] **D** commencement

[e] *Corrigé d'après* **B** (**A** Espeprit **CD** esprit)

[f] **D** commencement

cause seconde moins principale[135]. Et pource disoit sainct Paul aux[a] Corinthiens, en sa premiere epistre, chapitre xiii[b]. J'ay labouré plus que mes consors apostres, non pas moy principalement : mais la grace de Dieu avec moy : sans laquelle, noz **[f. H iiii r°]** forces sont vaines[136]. O que ceste noble lignée est utile à l'ame, de Dieu espouse. Certainement elle ne tue pas sa mere comme faict Concupiscence, quand elle a conceu : mais au contraire luy acquiert vie eternelle. Le filz qui est engendré de ce mariaige spirituel, se doibt nommer Ysaac : qui est interpreté enfant de joye, et non point Bennony, qui s'entend filz d'anxieté[137]. Car si au commencement de bien faire, il y a du travail, apres succede hilarité[c] et consolation. Car exprimoit le Salvateur[d] en l'evangille : La femme à enfanter, seuffre peine et douleur : mais apres, tourne en oblivion toute angustie[e], quand on luy annonce, qui[f] luy est nay ung beau filz[138] : Ainsi est de l'ame quand se mect à bien faire, au commencement le trouve difficile : et est fatiguée[g] d'aulcune douleur et contrition, d'avoir la clemence divine **[f. H iiii v°]** offensée[h] : mais finablement d'elle naist ung beau filz : qui luy propine letification[i], ayant vie par grace, c'est à dire, l'œuvre bonne et meritoire : qui l'amenera[j] au droict hereditaire de son pere. Car ainsi qu'il est escript en sainct Jehan au premier chapitre de ses Evangilles : Il leur a[k] donné puissance d'estre faictz enfans de

---

a Corrigé d'après **BD** (**AC** au)
b **CD** chapitre 13
c **D** joye
d **D** Car comme dit le Saulveur et redempteur
e **D** angoisse
f **C** que
g **D** faschée
h **C** offensé
i **D** luy donne joye
j **D** l'emmenera
k **BD** est

Dieu, ceulx qui croyoient[a] en son nom : qui non[b] pas de volunté de chair ne d'homme : mais de Dieu sont nez[139]. O miserable Sensualité, qui à telle felicité veulx donner empeschement. Pense tu que je le vueille permettre ? Il est certain, que la fidelité que Dieu tient à l'ame, est plus grande sans comparaison, que toute aultre : attendu que quand l'ame rompt sa foy, Dieu tient et observe la sienne : comme il est exposé par Hieremye .iii.[c] chapitre : Tu as mon espouse commise[d] fournication avec multi- **[f. H 5 r°]** tude d'amateurs, en adultere tumbez : toutesfois retourne à moy, et je te recepveray tresamiablement[140]. O que le seigneur use de supreme benignité. Certes il le faict : affin que par le mary fidele, soit sainctifiée la femme infidele : et l'adultere par l'amy doulx et piteux : l'ame[e] pecheresse, par Jesuchrist impecable : et pourtant n'est amour equiparable à la sienne. Or est il pere, frere, filz et espoux : pere, envers l'ame remply de benignité : frere, puis qu'il a pris nostre similitude : filz, engendré par foy et charité : et mary, qui en toute extremité son amour persevere. Je te dis cecy Sensualité, affin que tu n'espere plus seignorier : Car bien je[f] t'advertis, que le bon seigneur et parfaict amy, en grande promptitude acceptera l'ame : qui de l'avoir offensé, est repentante. **[f. H 5 v°]**

INTERLOCUTION DE LA DAME HELISENNE.

Ces choses dictes, Sensualité ne sceust aultre response faire, sinon, qu'elle dit : O Raison, pourquoy t'esforce tu tant de dominer en ce sexe muliebre ? Ne sces tu, que selon nature, ton domicile est plustost au sexe viril : car vulgairement la femme

---

a **CD** croyent

b *Corrigé d'après* **BCD** (**A** non't)

c **C** 3, **D** 3.

d **C** commis

e **D** d'ame

f **BD** car je **C** car bien je

se regit et gouverne plus selon moy, et à sa fantasie, que ne faict l'homme. Et comme chascun scet, la femme fut cause premierement de peché[141]. Les parolles par Sensualité prononcées, furent occasion de m'irriter et esmerveiller, de ce que nostre condition femenine tant vituperoit[142] : et pource stimulée d'ung excessif couroux, ne fis difficulté d'interrompre leurs propos : et m'approchant de Raison, avec instantes prieres luy requis, que la verité de ceste chose **[f. H 6 r°]** voulut exprimer. A quoy assez promptement me respondit :

RAISON.

Tu doibs entendre que sainct Pierre a escript : Que combien que l'homme et la femme soient ensemble, heritiers de la grace de Dieu, nonobstant le corps de la femme est plus fragile, que celluy de l'homme[a].[143] Et pource Adam fist plus grand peché que Eve : comme tient sainct Augustin, au livre de penitence[144] : consideré, qu'en luy residoit plus de bien et de vertuz[b].

INTERLOCUTION DE LA DAME HELISENNE.

A l'heure m'augmenta le desir de plus oultre les choses investiguer : **[f. H 6 v°]** parquoy j'exoray[c] Raison, qu'elle ne me voulut denier l'intelligence de la cause : pourquoy Adam n'avoit peu resister à la persuasion de sa femme, dont telle response me fist :

RAISON.

L'occasion pourquoy il adhera à elle, ce fut pour le desir qu'il avoit de luy complaire, selon monsieur sainct Paul en la premiere epistre à Timothée .ii.[d] chap. Car il ne luy voulut point

---

[a] *Corrigé d'après* **BCD** (**A** l'hommé)

[b] **C** vertu

[c] **D** je priay

[d] **CD** 2

contredire, à cause qu'elle estoit sa tressemblable entre toutes creatures. Toutesfois il ne debvoit menger du fruict prohibé à l'instigation d'icelle : car[a] il prefera l'amour de sa femme, à l'amour de Dieu : et en adherant à la creature, transgressa le commandement du Createur[145]. **[f. H 7 r°]**

INTERLOCUTION DE LA DAME HELISENNE.

Ceste chose par moy entendue, rompant silence, je diz, puis que la femme est tressemblable à l'homme, c'est à dire, qu'elle est ymaige de Dieu comme luy : pourquoy donc n'est elle autant extollée ? à ceste mienne demande, Raison me dit :

RAISON.

Si tu te persuade, que l'homme soit ymaige de Dieu parfaicte, tu t'abuse : Mais[b] il a esté créé à l'ymaige de Dieu : et t'exposeray comment il s'entend. Et aussi quant à ce que tu dis, que l'homme et la femme sont esgalement faictz à l'ymaige de Dieu :[c] aussi je veulx re- **[f. H 7 v°]** spondre[146]. Quant au premier, peult estre respondu, que l'homme n'est pas créé[d] l'ymaige[e] de Dieu : car cela convient seulement à Jesuchrist filz de Dieu : comme narre sainct Paul en l'epistre aux Collossenses premier chap.[f] Dieu le filz est ymaige de Dieu invisible, premier engendré de toutes creatures[147] : Nonobstant en l'homme est l'ymaige de Dieu, non point parfaicte : mais imparfaicte. Et pource notamment n'est pas escript : que l'homme est faict l'ymaige de Dieu, mais à l'ymaige de Dieu. Car ceste

---

[a] **B** debvoit, à l'instigation d'icelle, menger du fruict prohibé : car **D** devoit, à l'instigation d'icelle, menger du fruit prohibé : car

[b] **BD** t'abuse. Mais **C** t'abuse : mais

[c] **B** Dieu;

[d] *Établi d'après* **D** (**ABC** creé)

[e] **E** créé a l'ymage

[f] **D** chapitre.

preposition[a] icy latine, ad[b], denote ung acces et une similitude entre choses distantes et differentes[148] : mais Jesuchrist, est parfaicte ymaige de Dieu, et parfaicte similitude du pere : duquel il est ymaige : car premier qu'ung[c] ymaige soit parfaicte, fault qu'il ne luy faille[d] riens, de ce qui est requis en la chose, **[f. H 8 r°]** dont elle est ymaige. Et pource qu'il y a tresgrande difference entre Dieu et l'homme n'a pas esté dit, qu'il ayt esté faict l'ymaige de Dieu : mais à l'ymaige de Dieu. Car la parfaicte ymaige de Dieu, est en identité de nature au filz de Dieu : comme l'ymaige du Roy, en son filz naturel : mais l'ymaige de Dieu est en l'homme, comme en une nature estrange et differente : ainsi que l'ymaige du Roy en ung denier d'argent. Comme dit sainct Augustin au livre des dix cordes[149]. Et sainct Thomas en sa premiere partie[150].[e] Et ce qu'on dit que l'homme est faict à l'ymaige de Dieu, ne s'entent point selon la semblance exterieure : mais doibt estre entendu selon la semblance interieure, c'est à dire, selon l'ame[151]. Car ainsi qu'en la saincte Trinité, y a troys personnes divisées et distinguées en une seule essence : aussi en l'ymaige d'icelle Tri- **[f. H 8 v°]** nité, en nostre ame, une et seule par essence, y a troys puissances : qui sont de memoire, d'entendement, et de volunté : lesquelles ne sont pas troys vies, mais une : ne troys pensées, mais une, et une seule essence[152]. Toutesfois selon le Maistre des sentences, au premier livre de la troysiesme distinction au .v. c.[f] la trinité de nostre ame a plusgrande dissimilitude[g], qu'elle n'a de similitude à la trinité increéee[h].[153]

---

[a] *Corrigé d'après* **BD** (**A** preposirion **C** proposition)

[b] **D** *ad*

[c] **CD** une

[d] **D** luy defaille

[e] **C** sa I. partie.

[f] **C** au I livre de la 3. distinction au 5. chap. **D** au I, li de la 3. distinction au 5. chap

[g] **C** plus grandes dissimilitudes

[h] *Établi d'après* **E** increéee (**ABD** increée **C** increeée)

Et selon sainct Augustin et sainct Thomas[a] en sa premiere partie[b] : En quelconque chose[c] où il y a ymaige, aussi il y a similitude : mais où il y a similitude, n'y a pas tousjours imaige. Aultre similitude est entre Dieu et l'homme : car ainsi que Dieu est de nature intellectuelle, aussi entre les creatures inferieures, il n'y a que l'homme, qui soit de nature intellectuelle, et qui ayt entendement[154]. De ce dict sainct Augustin au .xiiii.[d] de la Tri- **[f. I r°]** nité : Nostre ame est l'ymaige de Dieu, pour ceste cause qu'elle est capable d'icelluy : et en peult estre participante, en deservant sa gloire et benoiste fruition[155]. La tierce[e] similitude entre la divinité et l'homme, est en tant qu'ainsi que Dieu est seigneur de toutes choses : ainsi l'homme domine sur toutes creatures[156] : ainsi que l'a narré,[f] le Maistre des sentences au .ii. livre en la distinction .xv. chap.[g] [157] et au Canon en la derniere question de la .xxiii. cause[h] :[158] ou aultrement peult estre entendu selon aultres expositions que l'homme est faict à l'imaige ou à la semblance de Dieu[159]. Premierement : que par l'imaige nous entendons convenance, quant aux choses naturelles entre Dieu et l'homme : et par la semblance, nous entendons convenance en dons de grace. Secondement selon sainct Augustin au livre de l'ame peult estre entendu qu'imaige soit en con- **[f. I v°]** gnoissance de verité, et semblance en delection de vertu[160]. Tiercement peult estre telle l'intelligence selon ung docteur nommé Hugo[161], que l'imaige denote et signifie toutes choses estre en l'ame selon sapience. Similitude et semblance denote que l'ame est une et simple pure essence[i].

---

a **D** selon S. Augustin et S. Thomas

b **C** sa I. partie

c **D** En quelque chose

d **C** au 14. **D** au. 14.

e **CD** La 3.

f **D** l'a dict

g **C** au 2. livre en la distinction 15.c. **D** au. 2 livre. en la distinction. 15.

h **C** la 23. cause **D** la 33. cause

i **D** simple par essence

Quartement[a] selon Cassiodorus telement qu'imaige signifie convenance en immortalité, et semblance en simplicité[162]. Quintement en telle maniere que l'ame soit dicte ymaige, en tant qu'elle est rationelle[b] : et soit dicte similitude en tant qu'elle est spirituelle. Et est à noter qu'imaige dit plus que similitude : car ymaige denote qu'elle soit expresse et extraicte de quelque aultre chose, dont elle est dicte ymaige : et aussi fault considerer, que premierement que[c] aulcune ymaige soit parfaicte ymaige de l'aultre, il fault qu'entre les deux y ayt[d] equalité. Et **[f. I ii r°]** pource l'homme n'est pas parfaicte ymaige de la divinité : Mais Jesuchrist seul fut la parfaicte ymaige de Dieu, pour l'equalité entre luy et Dieu, son pere[163]. On pourroit arguer que la femme n'est pas l'imaige de Dieu, pource que dict sainct Paul au chapitre .xi. de l'epistre aux Corinthiens[e] : L'homme est ymaige de Dieu, et la femme ymaige de l'homme[164] : et au .viii. chapitre de l'epistre des Romains[f] dict sainct Paul, Que les predestinez seulement, c'est à dire, ceulx que Dieu a ordonné debvoir estre beatifiez[g] de la fruition divine, auront l'imaige de Dieu et non pas les negligens, c'est à dire, ceulx dont la prescience divine a sceu la damnation[165]. On peult respondre à ceste question, qu'en Dieu y a aulcunes choses, en quoy l'homme et la femme conviennent, comme en l'ame representant unité d'essence et trinité de per- **[f. I ii v°]** sonnes, l'homme convient avec la femme : et en ceste maniere l'homme et la femme sont esgalement à l'imaige de Dieu : mais il y a aultres quatre choses, esquelles Dieu convient

---

a *Établi d'après* **BCD** (**A** Quartament)

b **D** raisonnable

c **D** qu'avant que

d **C** deux ayt

e **C** au chap. 11. de l'epist. aux Corin. **D** au chapitre 13 de l'epistre aux Corinthiens

f **C** au 7. chap. de l'epist. des Rom. **D** au. 8. chapitre de l'epistre aux Romains

g **D** participans

avec l'homme et non pas avec la femme[166]. La premiere[a] est, qu'ainsi que de Dieu ont esté toutes choses créées[b] : aussi de l'homme, c'est assavoir Adam : sont tous hommes procedez. De cecy est au droict Canon, en la derniere question de la xxiii.[c] Cause[167]. La seconde[d] convenance entre Dieu et l'homme, est, qu'ainsi que du costé de Jesuchrist dormant en la croix, fut formée, et descendit l'eglise espouse de Dieu : ainsi de la coste de Adam dormant fut formée Eve la premiere femme son espouse[168]. La tierce,[e] est, qu'ainsi que Dieu est chef de l'eglise : aussi l'homme est chef, seigneur et superieur de la femme[169]. Et la quarte[f] similitude, est, ce que Sensuali- **[f. I iii r°]** té a allegué, qui est que naturelement l'homme use et vit plus par moy que la femme[170]. Et si d'advantaige on demandoit se l'imaige de Dieu est en tous les hommes, on peult respondre selon sainct Thomas au .iiii.[g] article du lieu dessus allegué[171] : premierement, que pour raison de l'aptitude[h] et puissance de l'entendement (par lequel l'homme participe avec Dieu) son ymaige est en tout homme et femme indifferemment. Secondement, qu'à cause de la disposition et habituation intelectuelle, moyennant laquelle Dieu est congneu et aymé, son ymaige est es hommes qui en ce monde sont en estat de grace : combien que ce soit imparfaictement. Et tiercement, est son ymaige en ceulx qui le congnoissent et ayment parfaictement : et qui ont clere vision de sa gloire eternelle : comme sont les bien heureulx qui **[f. I iii v°]** sont glorifiez en Paradis. Et pource disoit David au .iiii. pseaulme,[i]

---

[a] **C** La I.

[b] *Établi d'après* **E** créees (**ABD** crées **C** creées)

[c] **B** xxxiii. **C** 23. **D** 33.

[d] **C** La 2.

[e] **C** La 3.

[f] *Établi d'après* **BD** (**A** quatre **C** 4)

[g] **CD** au 4.

[h] **D** l'habitude

[i] **C** au 4. pseau. **D** au .4. pseaume

Que la lumiere du visaige de Dieu, estoit signée en nous[172]. Or puis que distinctement je t'ay informé de ce que tu desiroys, à ceste Sensualité me veulx adresser. Et si jusques à present de l'excellence du sexe masculin avons parlé, s'il y en a au sexe femenin, ne le fault occulter[a]. Car moy qui suis Raison ne exerceroye mon office.

RAISON PARLANT A SENSUALITE.

[f. I iiii r°]

Pource Sensualité que tu faiz de la femme si petite estime, je veulx bien recorder une excellence en la femme : laquelle est exprimée de sainct Gregoire en la .xl. distinction :[b] qui est, que Adam ne fut pas créé[c] en Paradis terrestre[d] : mais Eve y fut créée[e].[173] Bien est vray que sainct Paul dict : L'homme n'a pas esté faict pour la femme, mais la femme pour l'homme. Et par ce l'homme est le chef de la femme : Mais aussi la femme est la gloire de l'homme[174], c'est à dire, que tout ainsi que l'ouvraige de l'ouvrier est sa gloire, quand il est bon et bien faict : ainsi est la femme la gloire de l'homme comme prinse de sa chair et de ses os, Nonobstant[f] quant à l'ame, n'y aura difference de sexes

---

a **D** cacher

b **C** la 40. distin. **D** la .40. distinction,

c *Établi d'après* **D** (**ABC** creé **E** cree)

d *Établi d'après* **BCD** (**A** terreste)

e *Établi d'après* **D** (**AB** crée **C** creée **E** cree)

f **BD** os, nonobstant **C** os. Nonobstant

en Paradis : car selon l'evangille sainct Matthieu chapitre .xxii.[a] Ceulx qui resusciteront en leur sexe ne exerceront **[f. I iiii v°]** point l'office du sexe : mais leur a esté promise la semblance des Anges[175] : et d'aulcuns auront plus grand gloire que les aultres. En la maison de mon pere, disoit le Redempteur, il y a diverses mansions[176]. Et une estoille est differente en clarté à une aultre estoille, escript sainct Paul, ainsi est de la gloire des sainctz[177]. Et cela provient de la varieté du merite : et puis que la femme est capable de ceste gloire aussi bien que l'homme, pourquoy ne m'efforceray je, nonobstant la fragilité, d'avoir domination en elle, et la corroborer de vertuz ? Certainement en ma force tant je me confie, que toy[b] Sensualité succumberas.

INTERLOCUTION DE LA DAME HELISENNE.

[f. I 5 r°]

Apres longue inquietitude, finablement Sensualité fut domptée : et commenca à ceder à son opposition, se submettant à arbitre de Raison. Et aussi promptement que Raison fut superieure, equité et justice en determinerent. Et par sentence diffinitive, fut Sensualité condemnée aux despens, luy faisant expres commandemens, qu'elle fist œuvre de penitence pour satisfaction : à cause qu'à tort, a fatiguée et tenue[c] en litige dame Raison. Tout incontinent que Sensualité eust ceste condemnation receue, à nostre veue s'offrirent trois dames belles, modestes et gratieuses, dont l'une estoit associée d'ung gentil personnaige : qui aussi estoit decoré[d] d'une beaulté admirable. Ceste soubdaine et joyeuse vision fut cause, que grandement s'esmerveilla la dame reduicte[178] : parquoy pour avoir certitude que telles choses **[f. I 5 v°]** signifioyent supplia à

---

a *Établi d'après* **B** (**A** chapi .xxii. **C** chapit. 22. **D** chapitre 22,)

b **D** que de toy

c **C** a fatigué et tenu **D** a fachée et tenuë

d *Corrigé d'après* **BD** (**A** docoré **C** decorée)

dame Raison, que la congnoissance de si extreme excellence ne luy voulut denier, à laquelle sans dilation, Raison respondit :

RAISON.[179]

Puis que tu aspire d'avoir notice[a], de ce qui t'est apparu, contente suis amplement le te narrer : te certifiant, que ceste illustre et noble dame remplie de pulchritude[b] et sincerité est toute spirituelle, et se nomme Chasteté : c'est celle qui de lubricité et actes charnelz[c] est ennemye : et ne desirant estre aulcunement maculée, ne veult en lieu suspect se trouver. Parquoy elle est abolition de scandalle : c'est le support de force virginalle, car contre luxure tousjours insiste, telement qu'elle l'expugne. Par elle est mortifiée la **[f. I 6 r°]** chair : qui faict guerre à l'esperit. Et pource, faict mener vie si pure et nette aux mortelz, que aulcunement les Anges approchent. Et à brief parler, ceste dame est de si grande louenge digne, que l'exprimer en la faculté humaine ne consiste. Et celluy[d] que tu vois : qui continuelle compaignie luy tient, c'est Honneur : duquel, elle est tres fidele et constante amye.

RAISON.

[a] **D** cognoissance

[b] **D** beaulté

[c] *Corrigé d'après* **BCD** (**A** charnelles)

[d] **B** iceluy

L'aultre dame qui de Chasteté est fort prochaine, s'appelle Charité : **[f. I 6 v°]** laquelle est merveilleusement convenable. Car sa preciosité et valeur on ne pourroit estimer : et d'elle est dict au .vii. de Sapience[a], qu'elle le prefere à tous royaulmes, royaulx trosnes[b], et opulances : qu'elle a prononcées[c] n'estre riens au respect d'elle : et n'a receu comparaison entre Charité et pierres precieuses : et l'or n'est reputé que salle et argent comme fiens[180]. Parquoy Charité se peult nommer la principalle vertu entre toutes theologales[d], cardinales et morales[181]. Et d'icelle narre le royal Prophete au pseaulme .xl.[e] [182] La royne Charité est à la dextre du Roy en son vestement doré, fort diapré de diversité de couleurs : et les vierges, c'est à dire, vertuz incorruptes[f] suyvent apres, comme servantes leurs dames[g]. Mais si tu desire estre certiorée, à quelle occasion dict le Psalmiste[h] que la robbe de la **[f. I 7 r°]** Royne est dorée, sans ce qui la[i] nomme toute d'or : qui sembleroit chose plus specieuse[j] et vallable : à cela je te responds[k], que plus convenablement ne pourroit estre exprimée la valeur de Charité, que par la robbe dorée : car tout ce à quoy on adapte l'or, a deux matieres pour le moins, c'est assavoir, le subject de l'or come boys ou pierre, et puis la singularité de l'or par dessus. Mais où est or pur, n'y a qu'une matiere. Aussi Charité est le

---

a B au .vii. cha. de Sapience C au 7. de Sap. D au vii chap. de Sapience

b D Throsnes royaux

c C prononcé

d D entre les theologales

e C royal Prop. au pseaul. 40.

f D incorrompues

g Corrigé d'après **BD** (**AC** dame)

h C Psal.

i C qu'il

j D belle

k C je respons

vestement doré[a], à cause que jamais n'est seule : c'est celle qui ennoblist et decore les aultres vertuz, leur donnant une merveilleuse reluscence[b].[183] Charité est celle qui conjoinct l'homme à chose tresprecieuse et inestimable, c'est à dire, à la divinité : comme expose sainct Jehan en sa premiere Canonicque .iiii. chapitre,[c] disant ainsi : Dieu est Charité : et qui sa residence faict en Charité, il est en **[f. I 7 v°]** Dieu : et Dieu, en luy[184]. O glorieuse vertu, puis que par amour, l'homme est transformé en Dieu, selon la prononciation du Psalmiste, qui est telle. J'ay dict aux hommes, vous estes Dieu, par une metamorphose et transformation d'amour[185]. O heureux don de Charité, puis que telle beatitude de toy provient, celluy[d] en qui tu habite, te doibt perpetuelement conserver.

RAISON.

Ceste aultre dame que tu vois : qui se manifeste, remplye de doulceur et urbanité traictable, est nommée Humilité : laquelle, est non seulement de Charité conservante : mais de toutes vertuz. Et à ce propos, dict sainct Gregoire : Celluy qui accumuleroit vertuz[e] sans Humilité, est semblable à celluy qui la **[f. I 8 r°]** pouldre porte au vent : qui la pert et disperse[186] : et pource fault observer ceste vertu. Et affin que cupidité de mondaine richesse ne la repulse, est chose tresurgente, par frequente meditation se recorder[f] de la mort. Et rememorant ce que exprime Aristote en sa generale doctrine, quand il dict : O tu homme, qui par adventureuse force metz peine de t'exalter en altissimes estatz[g] de gloire et de oppulance[a], sois vigilant, que

---

a *Corrigé d'après* **BCD** (**A** d'oré)

b **D** donnant un merveilleux lustre

c **C** sa I. Canoni. 3. cha.

d **D** provient, certainement celuy

e **C** vertu

f **E** se recorde

g **C** en altissime estat **D** en treshaultz estatz

par les mesmes forces tu ne sois prosterné[b] en bas : car oncques nulle efforceuse altitude[c] ne fut sans eminens perilz[187]. Et quand tout est faict, c'est chose certaine[d], qu'il fault mourir. Et pource es choses transitoires on ne doibt arrester. Car comme dict sainct Hierosme : Il est impossible d'avoir tous[e] ses plaisirs en ce monde, et puis en apres avoir Paradis : et aussi des delices et plaisirs mondains aller aux **[f. I 8 v°]** delices celestes[188]. Ce que bien consideré, à Humilité se fault reduire : car elle est vertu tant estimée, que David ayant contrition de la coulpe perpetrée, par Humilité appaisa le Createur. Et pource telle parolle proferoit : O Dieu vous ne desprisez point ung cueur contristé[f] et humilié[g] :[189] et d'advantaige disoit icelluy Psalmiste : qu'en la fin ne seront point oubliez[h] les humbles d'esperitz. Et ne perira point leur patience à tousjours[190] : laquelle semble perdre son loyer et premiation en ceste vie, à cause que pour icelle riens ne leur est icy remuneré : mais elle ne perira point à jamais[i] : car finablement apres ceste caducque vie, quand tous fatigues[j] seront terminez, elle recepvera gloire et felicité perpetuelle. Et pource les scavantes personnes sont trop plus que[k] les aultres humbles, en considerant[l] que Humilité est apte à la frui- **[f. K r°]** tion divine. Certainement c'est celle que aulcune tempeste ne peult[m] extirper, nulle promptitude de vent

---

a C gloire et opulence
b E d'opulence, sois prosterné
c D nulle efforcée grandeur
d C chose trescertaine
e C tout
f D contrict
g E cueur contraict humilité
h *Corrigé d'après* **BD** (**A** oublié **C** ne seront oubliez)
i C mais ne perira à jamais
j D ennuiz
k *Corrigé d'après* **CD** (**AB** trop que)
l C humbles, considerant
m *Corrigé d'après* **CD** (**A** ne la peult)

ne peult[a] superer. Car quand vraye[b] Humilité est entre les perilleuses undes et divers flotz des adversitez de ce mortel monde, elle se redresse plus vigoureuse qu'elle n'estoit au precedent : et si supedite[c] tout. C'est la voye qui conduict ses ymitateurs au lieu que tresaffectueusement[d] on doibt desirer. Car comme dict le Salvateur en[e] son evangile : Quiconques se humiliera il sera exalté[191]. Humilité est doncques la dame qui de lieu bas et infime nous transmigre en altitude[f] : et faict passer l'homme de tenebres en lumiere, parquoy en grande observance se doibt garder.

INTERLOCUTION DE LA DAME HELISENNE.

Depuis que dame Raison, eust la da- **[f. K v°]** me reduicte : de ce qu'elle aspiroit de scavoir[g] bien informée, elle fut longue espace taciturne, pource qu'elle estoit toute esprise des salutiferes[h] parolles qu'elle avoit avec incredible[i] affection escoutées : lesquelles eurent tant d'efficace qu'apres le mediter[j] requist à dame Raison, que si la contrition que son delicieux cueur avoit receue, estoit digne d'aulcune recompense, que de la societé de ceste preclaire[k] compaignie la rendist digne : A quoy liberalement Raison se consentit, et encores luy dit :

---

a *Corrigé d'après* **D** (**ABC** ne la peult)

b *Corrigé d'après* **BCD** (**A** vray)

c **D** surmonte

d *Corrigé d'après* **BCD** (**A** tresfectueusement)

e **B** comme le Salvateur dict en **D** comme le saulveur dict en

f **D** nous porte au hault

g **C** aspiroit scavoir

h **D** salutaires

i **D** incroyable

j **D** penser

k **D** divine

RAISON.

Si tu veulx estre totalement bien vivante, il t'est necessaire à toute richesse renoncer, en eslisant[a] pauvreté : car veritablement c'est celle qui est riche de grace et nue d'erreur. Recorde toy de ce que dict **[f. K ii r°]** le Seigneur en son evangile : si tu veulx, ce dict il,[b] estre parfaict, va exposer à vendition tous les biens que tu possede : et les disperse aux pauvres, et t'en viens apres moy me ensuyvre[192].[c] Ceulx qui ce font, sont les pauvres d'esperitz, et fault estimer, que pauvreté de soy n'est point louable ne vertu. Pource dict le Salvateur[d] : la seule pauvreté d'esperit estre felice[e],[193] c'est à dire, de volunté spirituelle. Et telle est la volunté de pauvreté, quand pour aspirer à la possession d'une beatitude spirituele, que diligente est nostre volunté pour l'aquision[f] de si supreme[g] merite et utilité spirituele, on[h] est content endurer[i] diminution au temporel si Dieu l'envoye : ou on la demande de propre mouvement, pretendant à ceste fin, qui est, augmentation de merite : tel, est vray pauvre d'esperit. Ceste pauvreté a receu habitation en sainct Matthieu, quand pour estre embrasé du feu de **[f. K ii v°]** charité et fervente dilection, il a aliené toutes[j] temporalitez, pour estre imitateur de celluy : qui sur le boys salutifere[k] son sang precieux espandist[194]. Certainement bonne recompense en povoit esperer. Car par ceste voye de pauvreté, sont allez en

---

a C renoncer, eslysant

b C veulx (dit il) **D** veulx, dit il,

c **D** apres moy.

d **D** Saulveur

e **D** heureuse

f C acquisition **E** aquisition

g **D** grand

h C ou on

i C d'endurer

j **BD** il s'est aliené de toutes **C** dilection a aliené toutes

k **D** salufere **E** salutifere

Paradis les sainctz Patriarches,[a] Abraham, Ysaac et Jacob[195] : qui ont esté vrays pauvres d'esperit. Et ont dict ainsi qu'il est escript en sainct Paul aux Hebrieux .xi. chap.[b] Que hostes et peregrins[c] estoient en terre, ne desirant pays aulcuns pour attendre ce que Dieu conservoit lassus[d] aux pauvres d'esperitz[196]. Nous scavons que quand sainct Pierre l'apostre disoit à son maistre : Nous avons tout laissé pour vous imiter, quelle premiation[e] en aurons nous ? Et lors eust telle response du Redempteur : je vous ditz en verité que[f] vous qui avez tout habandonné et m'avez ensuyvy, en la regeneration quand sera assis le filz de **[f. K iii r°]** l'homme au throne et siege de sa majesté, vous serez ses assesseurs[g] comme ses conseilliers, jugeant avec luy[197]. Ce que sainct Thomas expose au quart des sentences[h] disant que convenablement povoir et auctorité de judicature est promise aux pauvres : car par voluntaire pauvreté, ont detesté toutes opulances et richesses temporeles pour se conjoindre[i] à Dieu seul par amour[198]. Et pource es pauvres n'y a riens qui soit apte à les rendre flexibles : Car justice et raison font leur habitation en eulx : et repulsent tous biens et dons qui aulcunesfoys offusquent les yeulx des saiges. Et à ceste cause sont dignes de juger comme amateurs de verité et justice. Et puis que telle felicité leur succede, je te conseille ensuyvre leur doctrine. O quelle beatitude te sera, quand sur toy seront

---

[a] *Ponctuation corrigée d'après* **BD** (**A** Patriarches. Abraham **C** Patriarches Abraham)

[b] **B** .ii. c. **C** est escript aux Hebrieux II c. **D** est escript en sainct Paul aux Hebreux xi c.

[c] **D** Que hostes pelerins

[d] **C** la sus

[e] **D** vous suyvre quelle recompense

[f] **C** Je vous dy que

[g] *Établi d'après* **BD** (**AC** serez assesseurs)

[h] *Corrigé d'après* **B** sentences *et* **D** ce que S. Thomas expose au quart des sentences (**A** de sentence)

[i] **C** se joindre

adaptées les armes de vertu, t'armant contre le monde, par accepter pauvreté : contre la chair, par **[f. K iii v°]** observance de Chasteté : et contre le dyable, pour conserver humilité et obeyssance. Pour certain si telle gloire t'est concedée, bien heureuse te pourras nommer. Toutesfois encores fault il necessairement, que de deux vertueuses dames tu t'accompaigne : les noms desquelles, sont Diligence et Abstinence.

RAISON.[199]

Diligence te sera merveilleusement utile : car combien que tu soys ainsi bien armé[a], si fault il estre diligente et vigilante : affin que par negligence tu ne perde le bien qui t'est appareillé : car ainsi qu'il est escript en l'Apocalipse de sainct Jehan au .iii. chap.[b] Tiens ce que tu as, qu'ung aultre n'emporte ta couronne[200]. De ces parolles nous donne[c] l'exposition sainct Thomas[d] en sa[e] premiere **[f. K iiii r°]** partie de sa somme de Theologie cha. xxiii. article .vi.[f] En la response du second argument exprimant, que pour le merite de l'homme faict au moyen de grace, est deu[g] la couronne de Paradis : laquelle on pert par l'indignité du peché et offense, et est donnée à ung aultre : car l'ung succumbant en peché, l'aultre se relieve de[h] peché en grace. Nostre Dieu est si bon, qu'il ne permect l'ung[i] tumber, que l'aultre ne se relieve. Au lieu des Anges pervertiz, seront exaltez les hommes. En la place des Juifz reprouvez, succedent les gentilz convertiz à la chrestienté[201]. Et sainct

---

a **C** armée

b **C** en l'apocalipse, 3. c. **D** de S. Jean au iii chap.

c **C** parolles donne

d **D** S. Thomas

e **C** la

f **C** theologie, ca. 23. arti. 6 **D** Theologie c. xxiii. ar. vi.

g **C** deue

h **BD** du

i **D** en l'un

Matthias a impetré la dignité que le traditeur Judas a perdue[a].[202] Et pource fault perseverer, considerant qu'à toute personne d'exercice, est plus propre le continuer combatre, qu'en ociosité se reposer. Certainement la seule perseverance est couronnée. Et **[f. K iiii v°]** affin que de l'ennemy on ne soit circonvenu, est tresnecessaire la frequence d'obsecrer[b], en imitant la parolle du Seigneur qui dit : Veillez et priez, affin que n'entriez en tentation[203]. L'oraison est tresutile, bonne[c] et expediente par la fragilité humaine : par laquelle, la creature implore la faveur et ayde de son Roy contre les impetueulx assaulx de ses ennemys. Et si tu voulois alleguer ce que dict sainct Paul : lequel exprime, que Dieu est si fidele, qu'il ne permect point que nous soyons[d] tentez par dessus nostre faculté et puissance : Et que par ce moyen ne seroit necessaire de prier de n'entrer, ou estre induictz en tentation[204] : A cela je te diroye, que le bon Dieu restrainct la violence et crudelité[e] de l'ennemy : et ne permect l'homme estre tenté plus qu'il ne peult porter. Mais la[f] cause que souvent ne resiste pas l'homme[g] selon son povoir, et[h] succombe souvent en pe- **[f. K 5 r°]** ché, par default[i] de prendre et user des armes de vertuz, pour sa protection[205]. L'oraison[j] est convenable pour noz debiles forces corroborer : car aulcunesfoys l'homme par deffaulte[k] de grace[l] de Dieu, est induict en tentation. Mais quand Dieu ne retirera point sa grace

---

a C perdu

b **D** de prier

c *Ponctuation établie d'après* **BD** (**AC** tresutile bonne)

d **C** point que soyons

e **D** cruaulté

f **C** a

g **D** cause pourquoy, souvent ne resiste l'homme

h **C** il

i **C** faulte

j *Ponctuation corrigée* d'après **C** (**A** protection, L'oraison)

k **BD** deffault

l **C** de la grace

de nous, jamais ne serons vaincuz par tentation : car il nous donnera force de resister et claritude d'entendement pour appercevoir de loing nostre ennemy[a] : qui nous veult nuyre. Et à ceste occasion disoit le Psalmiste[b] : Quand ma force et vertu me fauldra[c], ne me derelinque mon Seigneur[206]. Et aussi aulcunesfois proferoit[d] telles parolles : O Dieu illumine mes yeulx, à ce que jamais je ne m'endorme en la mort de peché : affin que mon ennemy ne die[e] : J'ay eu victoire de luy[207]. Par ces prieres peult on exposer que le pecheur s'endurcit quand Dieu luy soustraict sa grace pour son demerite : Dont demeu- **[f. K 5 v°]** re endurcy, ainsi est on induict en tentation quand retirant sa grace, laisse l'homme tomber en peché, et estre vaincu de l'ennemy. Et pource t'ay bien voulu[f] advertir de continuer en l'assiduité de priere[g] : Et aussi te sera bien duisible ceste belle vertu d'abstinence et sobrieté. Suivant ce que narre le saige Tulles de Milesie quand il dict[h] : metz le frain en ta bouche[208], affin que par elle tu ne prengne[i] le venin : car abondance de viandes mal digerées sont au corps tresnuysibles[j] venins. Et pource doncques les[k] fault evader, en usant[l] sobrement des viandes materieles. Et te delecteras à donner reffection à l'ame escoutant les vertueuses et sainctes[m] parolles. Car nostre seigneur nous instruict, que

---

a **D** resister et apercevoir de loing l'ennemy
b **D** disoit David
c **D** vertu faudra
d **D** ne me laisse seigneur. Et aucunefois disoit
e **C** dise
f **C** t'ay voulu
g **D** continuer en priere
h **C** Milesie disant
i **CD** prenne
j **C** corps nuisibles
k **BD** le
l **C** evader, usant
m **C** escoutant les sainctes

l'ame a besoing de viandes spirituelles, disant en l'evangile sainct Matthieu .iiii. chap.[a] L'homme ne vit point de pain materiel seulement : mais de chascu- **[f. K 6 r°]** ne[b] parolle qui procede de la bouche de Dieu[209]. Et pource suyvant ceste doctrine, seras auditeur de[c] bonnes parolles : affin qu'elles t'induisent à vertueuses operations. Et en suppliant la[d] divine mansuetude, à l'exemple de David telles parolles prononceras : Seigneur Dieu crée en moy cueur sincere[e] et nect[210] : car la mundicité du cueur, est fort duisible : pource que si nous avons purité interieure, il s'ensuyt que les œuvres exterieures seront nectes[f] : car estant nostre[g] cueur la scaturie et source[h] des cogitations et choses mentales, si elles sont pures et sinceres[i], aussi seront les operations exterieures qui en proviennent. Et pource a dict le Salvateur[j] en sainct Matthieu : Bien heureulx seront les purs et mundes de cueur : car ilz verront Dieu[211], parquoy assiduelement debvons prier pour ceste purité de cueur obtenir. **[f. K 6 v°]**

INTERLOCUTION DE LA DAME HELISENNE.

Apres ces efficacimes[k] exhortations, je viz la dame qui commenca ainsi à dire :

---

a C disant en, s. Mat. 4. c. **D** Matthieu 4 chap. **E** Matthieu iiij. chapi.

b **D** toute

c **B** seras prompte à l'audition de **D** seras prompte à escouter

d C Et suyvant la

e **D** pur

f C que l'œuvre exterieur sera net

g C le

h **D** cueur la source

i **D** nettes

j **D** Saulveur

k **D** efficacieuses

LA DAME REDUICTE.[212]

Pour certain, dame Raison à ceste heure est comparu en ma memoire, ce que narre le Psalmiste, disant : C'est chose à Dieu aggreable de le craindre et esperer en sa misericorde[213]. Et à ceste occasion, m'est survenue quelque timeur[a] qui me procede des iniquitez precedentes : toutesfoys moyennant l'ayde de Dieu, dont principalement je me confie, et non pas en moy : et aussi par la cooperation des œuvres que je desire accomplir, mon esperance est grande[214]. Parquoy je t'exore[b] dame Raison, que plus tu ne differe[c] de m'exhiber[d] et **[f. K 7 r°]** bailler à Chasteté.[e] Plus tost n'eust la dame son propos finy, que Raison dict que promptement le feroit. Et affin que de dame Chasteté fut plus voluntairement accepté[f], fut invocquée Verité : laquelle sans dilation assista et porta tesmoinage[g], que nonobstant les detractions des langues pestiferes, si n'avoit la dame Chasteté corrompue[h] :[215] car de ce la clemence divine par grace especialle l'avoit preservée[i]. Parquoy apres la certitude de Verité, elle fut jugée capable d'estre numerée en ceste splendide[j] congregation, dont elle fut receue avec humaine benignité. Et oultre plus, à ceste reception luy fut du souverain des cieulx telle grace concedée, qu'il permist entre ceste noble compaignie habiter sa tressacrée fille nommée Paix , plus resplendissante que nulz astres : qui fut occasion de les

---

a D crainte

b D je te prie

c C plus ne differe

d D de me montrer

e C *insère ici la rubrique* Interlocution de la dame Helisenne.

f C acceptée

g B tesmoinaige C tesmoignaige D tesmoignage

h C corrompu

i C preservé

j D d'estre nombrée en ceste resplendissante

merveilleusement letifier[a]. Car Raison leur com- **[f. K 7 v°]** menca à narrer l'utilité qui d'elle procede, en disant les motz subsequens[b] :

RAISON.

O extreme felicité, qui vous succede, puis que pacificque vous serez[c]. O heureuse Paix celeste : laquelle le Salvateur[d] appelle propre pour luy, quand il dict à ses apostres : Je vous donne ma Paix[216]. C'est celle qui propine reconciliation[e] entre Dieu et l'homme, et extirpe tout ce qui est contraire à celeste tranquillité. Et à cause d'elle dict sainct Jehan en sa premiere Canonicque second chap.[f] Nous sommes, dict il, enfans[g] de Dieu, et toutesfoys il n'appert point exterieurement. En disant doncques le Redempteur, que pacificques seront nommez enfans de Dieu, et qu'ilz seront manifestez estre vraiz filz de Dieu[217]. Et pourtant escript sainct Paul **[f. K 8 r°]** aux Romains .viii. chap.[h] L'expectation de la creature est telle, qu'elle attend que soient revelez[i] ceulx qui sont enfans de Dieu. Quand icelle creature sera mise hors de servitude de coruption en la franchise et liberté de la gloire des enfans de Dieu[218] : où sainct Paul entend par la creature, l'homme, pour cause qu'il est la tresdigne des creatures, ayant quelque convenance avec toute creature : que s'il a esté pacificque aura sa demeure en la cité de Hierusalem supernele : qui est interpretée, vision de paix[219] : et pourra dire avec le Psalmiste :[j] En paix inviolable et asseurée, je

---

a **D** resjouïr
b **C** en disant
c **C** pacifique serez
d **D** Saulveur
e **D** celle qui faict reconciliation
f **C** à ceste cause dit .s. Jehan en sa I. Cano. 2. c.
g **C** Nous sommes enfans
h **C** .s. Paul aux Ro. 8. c. **E** Romains huictiesme chapitre
i **E** relevez
j **C** la Psal.

dormiray et prendray mon repos[220] : à laquelle plaise au principiateur[a] de toutes choses, nous conduyre.

INTERLOCUTION DE LA DAME HELISENNE.

Ceste melliflue, suave et doulce[b] pro- **[f. K 8 v°]** nonciation finie, je fuz esmerveillée[c] de ce que tout en ung instant, ceste sacrée, noble et preclaire[d] societé se disparut : et me fut advis, que l'iradiante lumiere de ceste claritude[e] s'en alla occulter[f] en une belle et spacieuse forest : de laquelle comparaison plus conveniente ne pourrois faire, que de la forest prochaine du chasteau de Cabasus[221]. Et apres perdu[222] la veue de chose tant illustrissime[g], mon ame fut de sa[h] vehemente tristesse agittée, que pour la fascherie, le sommeil se departist. Et lors estant timide[i], que chose digne de si grand memoire ne me tournast en oblivion, pour n'estre de negligence improperée, promptement je prins la plume pour par mes escriptz le rediger.

Fin du Songe de dame HELISENNE,
composé par ladicte Dame.

---

[a] **D** plaise à l'autheur

[b] **D** Ceste melliflue, et doulce

[c] *Corrigé d'après* **CD** (**AB** esmerveillé)

[d] **D** saincte

[e] **D** clarté

[f] **D** cacher

[g] **D** illustre

[h] **C** si **D** tant

[i] **D** Et lors craignant

NOTES

1. L'activité de Denis Janot à titre de libraire-imprimeur indépendant s'étend de 1534 à 1544 (Stephen P. J. Rawles, *Denis Janot, Parisian Printer & Bookseller (1529-1544) : A Bibliographical Study*, thèse de doctorat, Coventry, University of Warwick, 1976, vol. 1, p. 1). Durant cette période, il imprime surtout en langue vernaculaire principalement des ouvrages de morale et de philosophie ainsi que des versions en prose de romans médiévaux. Il publie notamment *Le Tresor de la cite des dames* de Christine de Pizan (1536), les *Controverses des sexes masculin et fœmenin* de Gratien Dupont (1538) et le traité d'Henri Corneille Agrippa, *De la noblesse et preexcellence du sexe fœmenin* (s.d.). Tous les écrits d'Hélisenne de Crenne paraissent chez Denis Janot : *Les Angoysses douloureuses qui procedent d'amours* (1538), *Les Epistres familieres et invectives* (1539), le *Songe* (1540), de même que sa traduction des *Quatre Premiers Livres des Eneydes* de Virgile (1541).

2. Connu depuis le Moyen Âge par l'entremise de Macrobe (IVe-Ve s.), le *Songe de Scipion* est la référence sur laquelle s'ouvre également le *Roman de la Rose* (Guillaume de Lorris et Jean de Meun, *Le Roman de la rose*, Armand Strubel (éd.), Paris, Librairie générale française, « Le Livre de poche ; Lettres gothiques », 1992, p. 42, v. 7-10). Ce fragment du *De Republica* de Cicéron (106-43 av. J.-C.) a pour thème l'immortalité qu'acquiert le héros en récompense de ses actions vertueuses. Scipion l'Africain y apparaît en songe à son petit-fils adoptif. Il lui prédit sa destinée terrestre et, pour l'inciter à la vertu, lui révèle la récompense réservée à ceux qui se sont dévoués au service de la patrie : la jouissance de la vie éternelle. Le prologue du *Songe de madame Helisenne* de même que son sous-titre insistent aussi de façon explicite sur la visée édifiante du dialogue. En 1538, Jean Colin avait procuré une traduction française du *Songe de Scipion* chez Denis Janot. Voir Diane Desrosiers-Bonin, « Le *Songe de Scipion* et le commentaire de Macrobe à la Renaissance », dans *Le Songe à la Renaissance*, Françoise Charpentier (dir.), Saint-Étienne, Institut d'études de la Renaissance et de l'Âge classique, 1990, p. 71-81.

3. À l'instar du *Livre de l'advision Cristine* de Christine de Pizan, le récit d'Hélisenne est un songe en prose sur le mode allégorique. Le style inspiré par une « muse gentille » et qu'Hélisenne associe quelques lignes plus

loin à la poésie doit se comprendre non pas au sens d'une poésie versifiée, mais bien dans celui, métaphorique, du sens supérieur qu'autorise le contexte onirique. C'est ce que précise la « Glose sur la première partie » de l'*Advision Cristine* : « [c]'est asavoir selon la maniere de parler des pouetes, que souventesfois soubz figure de methaphore, c'est-à-dire de parole couverte, sont muciees maintes secretes sciences et pures veritez. Et en telle parole dicte par poisie puet avoir mains entendemens, et lors est la poisie belle et soubtille quant elle puet servir a plusieurs ententes et que on la puet prendre a divers propos » (Christine de Pizan, *Le Livre de l'advision Cristine*, Christine Reno et Liliane Dulac (éd.), Paris, Honoré Champion, 2001, p. 3, l. 6-12). Dans la troisième partie des *Angoysses*, le titre complet de l'« Ample narration » de Quezinstra fait état de ce « delectable stile poeticque » (*Les Angoysses douloureuses qui procedent d'amours*, Christine de Buzon (éd.), Paris, Honoré Champion, 1997, p. 486 ; dorénavant, toutes les références aux *Angoysses* renverront à la pagination de cette édition).

4. Afin de justifier la narration de son songe, la narratrice se réclame d'une double autorité : les lettres classiques (Cicéron) puis les Saintes Écritures, les unes et les autres reposant sur des modalités analogues d'interprétation allégorique.

5. Dans les *Morales sur Job* (II, 1), le pape Grégoire 1er dit le Grand (~540-604) affirme à ce sujet : « La sainte écriture est présentée aux yeux de l'âme comme une sorte de miroir où puisse apparaître notre visage intérieur. C'est là en effet que nous découvrons notre laideur, et là notre beauté. C'est là que nous constatons quel est notre progrès, et là quelle distance nous en sépare ».

6. Il s'agit d'un rappel de la visée édifiante déjà formulée sur la page de titre.

7. Dans ce résumé du songe à venir, la narratrice met l'accent sur la troisième partie du récit (dont les enjeux moraux se révèlent les plus abstraits), passant sous silence les discussions entre l'Amant et la Dame amoureuse, ainsi qu'entre Pallas et Vénus.

8. Une formule introductive analogue se retrouve au début des *Angoysses*, situant les événements narrés au printemps, c'est-à-dire au moment où le soleil (Phébus-Apollon) entre sous le signe du Bélier : « Au temps que la déesse Cibele despouilla son glacial et gelide habit, et vestit sa verdoyante robbe tapissée de diverses couleurs [...] » (*Angoysses*, p. 98). « [G]rand mere des Dieux, femme de lancien Saturne, et fille du Ciel et de Vesta », Cybèle personnifie ici la nature (Jean Lemaire de Belges, *Les Illustrations de Gaule et singularitez de Troye*, dans *Œuvres*, t. I, J. Stecher

(éd.), Genève, Slatkine Reprints, 1963 [1882-1885], livre I, chapitre 28, p. 208).

9. Il s'agit d'Amour et de sa mère Vénus. Dans *Le Grand Olympe des hystoires poetiques* (Lyon, Denis de Harsy, 1532), qui reprend textuellement, mais sans les commentaires allégoriques, le texte de la *Bible des poetes* (Paris, A. Vérard, 1498) dont Jean Lemaire de Belges s'inspire abondamment dans *Les Illustrations de Gaule et singularitez de Troye*, se trouve précisément l'épisode où Cupidon frappe sa propre mère Vénus d'un trait d'amour : « Car ung jour vint que Venus baisoit Cupido son filz par grant amour, et Cupido qui embrassee lavoit la blessa par mesprison soubz la mammelle dung dart amoureux a poincte de fin or trenchant et agu dont Venus ne povoit de legier avoir guerison [...]. » (*Grand Olympe*, livre X, f. 92 v°-93 r°). Dans la *Flammette. Complainte des tristes amours de Flammette a son amy Pamphile* (Lyon, Claude Nourry, 1532, f. 15 r°), texte qui a fortement influencé la rédaction des *Angoysses*, Vénus souligne la puissance de Cupidon en affirmant y avoir été elle-même soumise : « Et moymesmes qui suis mere dicelluy dieu damours Cupido, nay sceu me exempter damour et tellement que fuz contraincte plourer la mort de Adonius ». Pour une présentation très complète du dieu Cupidon, on consultera l'étude de Thomas Hyde, *The Poetic Theology of Love. Cupid in Renaissance Literature*, Newark/Londres/Toronto, University of Delaware Press/Associated University Presses, 1986.

10. Le lieu où Pluton, dieu des Enfers, enlève Proserpine est situé « pres dEnfer en une valee dessoubz le mont Ethna [où il y] avoit ung lac entour lequel avoit plante de beaux arbres verdoyans en toutes saisons, dont le lac estoit si bien environne que les raidz du soleil ne le pouvoïent eschauffer sinon attrempeement. La terre denviron estoit plaine de verdure, assez y avoit de fleurs diversement coulourees. Le lieu estoit tresbeau et tresdelectable. Printemps y estoit pardurablement. Ce lieu sappelloit Pergusa » (*Grand Olympe*, V, f. 82 v°). Après son rapt, Proserpine, fille de Cérès, devint l'épouse de Pluton et régna sur le monde des morts.

11. Le passage qui suit évoque, en raccourci, celui que l'on trouve chez Lemaire de Belges : « Car alors Flora la gracieuse Nymphe Compaigne du doux vent Zephyrus, sentremit de tapisser la noble montaigne dė fresche verdure, et de plantes aromatiques [...]. Les autres Nymphes aussi meirent la main à la paste, et se ayderent de leur part. Mesmement les Hymnides, lesquelles se prindrent à tendre et dresser au long de leurs praries, les beaux verdz buissonnets florissans et les hayes toutes couvertes de floriture. [...] Et quand ilz furent tous tendus et bien hourdis, Rosee la belle pucelle, fille de Lune et de l'Air, vint pendre autour des branchettes mille perles rondes, et gemmes cleres et transparentes [...]. Aucunes des autres Fees, si comme les

Napees, sestudierent de faire sortir de plusieurs endroits de la montaigne, plusieurs fontainettes et ruisseaux courans à douce noise [...]. Si produisirent aussi les Hamadryades, et meirent hors de leurs arbrisseaux, plusieurs fueillettes et fruitages de diverses sortes [...]. Mesmes Sylvanus le Dieu des bois et des forestz amplia ses umbres de plus grand estendue pour rendre le lieu plus plein de delices » (*Illustrations*, I, 29, p. 215-216). Le texte du *Songe* concorde même étroitement avec celui des *Illustrations*, comme c'est le cas au sujet des Hymnides : « les Hymnides tresflorissantes qui font verdoyer lherbe haute et drue parmy les prairies » (*Illustrations*, I, 23, p. 172).

12. Cette description du *locus amœnus* en décline toutes les composantes, depuis la déesse Opis (Cybèle), en passant par Sylvain, le dieu des bocages, jusqu'aux nymphes des champs et prairies (Hymnides), des montagnes (Oréades), des bois et forêts (Dryades et Hamadryades), des sources, fleuves et fontaines (Naïades et Napées). Quant aux Piérides, originaires du pays de Piérie en Thrace, elle se rendirent sur le mont Hélicon pour défier les Muses avec lesquelles on les confond parfois.

13. Cette contemplation de la beauté masculine renvoie au premier regard que, dans les *Angoysses* (p. 102-103), le personnage d'Hélisenne jette sur Guenelic et qui déclenche l'expérience amoureuse ; à ce sujet, voir l'article de Colette H. Winn, « La symbolique du regard dans les *Angoysses douloureuses qui procedent d'amours* d'Hélisenne de Crenne », *Orbis Litterarum*, vol. XL, n° 3, 1985, p. 207-221.

14. Dans ses écrits, Hélisenne de Crenne fait valoir les qualités du monde antique que, des points de vue descriptif et argumentatif, elle dit privilégier par rapport à celles du monde contemporain (voir notamment, dans la quatrième épître invective, les listes de figures féminines antiques « capable[s] des bonnes lettres » (Hélisenne de Crenne, *Les Epistres familieres et invectives*, Jean-Philippe Beaulieu et Hannah Fournier (éd.), Montréal, Presses de l'Université de Montréal, 1995, p. 129-130 ; dorénavant, toutes les références aux *Epistres familieres et invectives* renverront à la pagination de cette édition).

15. Adonis est le premier exemple d'une liste de figures masculines réputées pour leur beauté. Pâris le Phrygien fut, en raison de l'enlèvement d'Hélène, à l'origine de la guerre de Troie. Jean Lemaire de Belges consacre une portion significative de ses *Illustrations* (I, 20-44 ; II, 1-21) à Pâris et à son importance pour l'histoire troyenne. Roi crétois de haute stature, Astérius devint l'époux d'Europe. Fils de Zeus et de Léda, les Dioscures Castor et Pollux sont les frères jumeaux de la très belle Hélène. Après avoir refusé les

avances de sa belle-mère Phèdre, Hippolyte connut un destin tragique ; voir la note 100.

16. Dans ses *Épigrammes* (livre VIII, épigramme 46), Martial évoque la figure du jeune Cestus : « Que de candeur en toi, que de naïveté dans ta charmante figure, jeune Cestus! toi dont la chasteté l'emporte sur celle d'Hippolyte même [...] ».

17. Conducteur du char de Pélops, Cillas fut divinisé. La grande beauté du jeune berger Endymion suscita l'amour de Phébé-Diane. Le prince troyen Ganymède, le plus beau des mortels, fut enlevé par Jupiter qui fit de lui son échanson. Compagnon d'armes d'Alexandre le Grand, Ephestion était considéré comme son amant.

18. Le devin Tirésias prédit à la mère de Narcisse venue le consulter que celui-ci « vivroit longuement, mais quil se gardast de soy mesme veoir » (*Grand Olympe*, III, f. 45 v°). Jeanne Flore consacre son « Compte quatriesme » à cette figure illustrant la philautie qui sera punie (*Les Contes amoureux par Madame Jeanne Flore*, Régine Reynolds-Cornell (éd.), Saint-Étienne, Publications de l'Université de Saint-Étienne, 2005, p. 123-144).

19. L'Amant s'adresse ici à Vénus « fille du Roy Jupiter et de la Nymphe Dione » (*Illustrations*, I, 25, p. 180).

20. Grâce aux trois pommes que lui offrit Vénus, Hippomène parvint à ralentir Atalante qui avait promis d'épouser celui qui la vaincrait à la course.

21. La mère du Troyen Pâris confia celui-ci aux soins du « principal des pasteurs du Roy » pour lui éviter la mort et déjouer l'oracle de la destruction de Troie (*Illustrations*, I, 20, p. 130-131). Devant déterminer qui de Junon, Pallas ou Vénus était la plus belle, Pâris choisit cette dernière. Pour le récompenser, la déesse lui promit l'amour de la plus belle femme et lui permit de profiter de l'absence du roi grec Ménélas pour enlever son épouse Hélène (*Illustrations*, II, 6, p. 59 et suiv.).

22. L'Amant supplie Vénus de ne pas laisser les conséquences de la jalousie les conduire à la mort, sort fatal que connaissent Hélisenne et Guenelic dans les *Angoysses douloureuses*. La menace que représente la jalousie, implicitement assimilable à la figure du mari, est également évoquée dans les dixième et onzième épîtres familières, où Hélisenne, décrivant à Galazie son état amoureux, évoque sur le mode allégorique les effets sur elle de l'« odieuse jalousie » (p. 87) : « [...] j'avoye timeur de faire indice à jalousie, dont procedoit l'occasion de mon mal : parquoy si vehemente estoit ma peine que facilement eust esté apte à faire du corps et de l'ame separation [...] » (p. 91). Au sujet de Jalousie comme allégorie du mari, voir la note 46.

23. La référence à Somnus, dieu du sommeil, indique que l'Amant s'est endormi.

24. La vive réaction que suscite chez Hélisenne la situation évoquée par l'Amant suggère une analogie avec l'expérience amoureuse décrite dans le récit de 1538.

25. Le *Peregrin* de Jacopo Caviceo, qui constitue l'un des intertextes importants des œuvres d'Hélisenne de Crenne, propose un passage analogue : « Mais ententif je nestoye a speculer ceste divine facture que estoit Appolo quand le chef de Venus miraculeusement depaignoit » (*Dialogue treselegant intitule le Peregrin*, François d'Assy (trad.), Paris, [J. André], 1535, livre II, f. 189 v°). Après cette mention du peintre Apelle (IVe siècle av. J.-C.), à qui l'on doit un portrait d'Aphrodite (Vénus), la narratrice énumère une série de femmes, exemplaires à divers titres.

26. Cette vallée où Pâris gardait ses moutons (*Illustrations*, I, 28, p. 200-201) est le cadre du jugement au cours duquel le berger choisit Vénus dont la beauté surpassait celle de Junon et Pallas « en lineature et droitesse de corsage » (*Illustrations*, I, 33, p. 257). L'insistance sur les qualités de la Dame rappelle l'attention qu'attire sur elle Hélisenne au début des *Angoysses* (p. 100), de même que la série de figures antiques auxquelles Guenelic la compare au début de la deuxième partie du roman (p. 234-235), ce qui ajoute évidemment au parallélisme de leurs situations respectives.

27. Les nymphes Eurydice et Hespérie étaient à ce point aimées d'Orphée et d'Ésaque que leur mort, provoquée par la piqûre d'un serpent, plongea leur amant dans une profonde affliction. Orphée descendit aux Enfers pour ramener sa bien-aimée à la vie, tandis qu'Ésaque chercha à se donner la mort en plongeant en vain dans la mer, puisqu'il fut transformé en oiseau.

28. Abandonnée par son amant Énée, Didon se suicida. Elle figure ici anonymement parmi les femmes qu'énumère la narratrice. Voir Diane S. Wood, « Dido as a Paradigm of the Tragic Heroine in the Works of Helisenne de Crenne », *South-Central Renaissance Conference. Explorations in Renaissance Culture*, n° 18, 1992, p. 125-136.

29. Les femmes auxquelles la narratrice compare la Dame qu'elle vient d'apercevoir ont toutes connu un sort malheureux en raison d'un homme. Éprouvée par la longue absence de son époux Ulysse, Pénélope demeura chaste, refusant toutes les avances de ses prétendants. Au péril de sa vie, l'héroïne juive Esther obtint de son mari le roi Assuérus qu'il renonce à la persécution des Juifs (Est 8, 3). Procris est mortellement blessée par le javelot de son époux Céphale. Aidée par sa belle-sœur Antigone, Argia récupère le corps de son mari Polynice et lui rend les honneurs funèbres dont il avait été

privé après sa mort (Stace, *Thébaïde*, XII). Ayant accepté de suivre le tyran Holoferne dans sa tente, Judith lui tranche la tête et libère la ville de Béthulie (Jdt 12-15).

30. À propos du « style piteux » qui caractériserait le roman de 1538, on consultera notamment Christine de Buzon, « Roman et style piteux : *Les Angoysses douloureuses qui procedent d'amours* (1538) », dans *Mazi rádky/Entre les lignes. Mélanges J. Pechar*, Prague, Académie des sciences, 1999, p. 267-302.

31. Soulignant que la force du dieu Amour avait conduit Pluton à soustraire Proserpine à sa mère Cérès (voir la note 10), la Dame amoureuse supplie Cupidon d'intervenir.

32. La Dame amoureuse rappelle à Cupidon les souffrances que, depuis plusieurs années, elle éprouve à son service.

33. Se retrouvent ici des figures masculines illustrant les excès auxquels en arrivent ceux qui sont éprouvés au-delà de leurs forces : après leurs déboires respectifs, le chef carthaginois Hannibal (247-183 av. J.-C.) s'empoisonna, le roi Mithridate VI Eupator dit le Grand (132-63 av. J.-C.) se fit donner la mort par l'un de ses soldats, tout comme l'empereur romain Néron (37-68 ap. J.-C.) se suicida.

34. « Regardes Helisa/ Sophonisba/ Philis/ Medea/ Dejanira/ Phedra/ et Sapho qui furent destime et dauctorite. Et pour eulx liberer de molestes/ peines et ennuytz de vie se priverent » (*Peregrin*, I, f. 18 v°). La liste formulée par la Dame amoureuse regroupe des figures antiques ayant attenté à leurs jours en raison de l'amour. À l'exception de Sophonisbe, qui préféra mourir plutôt que de se livrer à Scipion l'Africain, toutes ces femmes ont souffert de l'absence ou de l'infidélité de leur amant et, à ce titre, figurent dans les *Héroïdes* d'Ovide. Dans les autres écrits d'Hélisenne de Crenne, certaines d'entre elles apparaissent de façon ponctuelle : Helissa-Didon (*Angoysses*, p. 243), Phyllis (*Angoysses*, p. 141 et 243 ; *Epistres*, p. 70). Il est intéressant de noter que, dans la seconde partie du roman, c'est le narrateur masculin, Guenelic, qui compare sa situation à celle de Didon et de Philis (p. 243), faisant tomber du même coup la distinction entre l'homme et la femme en matière d'expression de la douleur amoureuse. Au sujet des traits féminins de Guenelic, on consultera Cathleen M. Bauschatz, « Travestissement textuel dans la "Seconde Partie" des *Angoysses Douloureuses* », dans *Hélisenne de Crenne. L'écriture et ses doubles*, Jean-Philippe Beaulieu et Diane Desrosiers-Bonin (dir.), Paris, Honoré Champion, 2004, p. 55-70.

35. Lors de leur première prise de parole, la Dame aussi bien que l'Amant invoquent les divinités afin de ne pas mourir d'amour.

36. Dans ce soliloque plaintif, la Dame amoureuse envisage avec appréhension de quitter son mari pour suivre un amant dont la fidélité est incertaine. Ses craintes sont d'ailleurs confortées par la liste qui suit d'hommes ayant abandonné leur amante : Thésée, Ariane ; Jason, Médée ; Alcide (Hercule), Déjanire.

37. « Vous tous hommes estes dune masse et dune sorte/ promptz au promettre/ et tardifz a lobserver » (*Peregrin*, I, f. 85 v°).

38. « Consideres combien est variable lhumaine virile condition. Tout le monde pulule dinfidelite et dissimulation » (*Peregrin*, I, f. 12 v°).

39. Ces préventions à l'égard du sexe masculin reprennent les grandes lignes des propos que tient Hélisenne dans la cinquième épître familière adressée à Galasie : « [...] la condition de plusieurs hommes, qui est telle que du commencement ilz sont fors doulx, et à la fin tres amers : et voyons vulgairement qu'apres qu'ilz ont de leurs dames victoire obtenue, ilz aspirent à de nouvelles conquestes, derelinquant celles qui faignoient à perpetuité vouloir aymer » (*Epistres*, p. 69). Voir aussi ce que dit Hélisenne dans le roman au sujet de « l'humaine virile condition », selon laquelle « l'homme pour n'estre satisfaict promptement, et à son desir, il se fastidie et ennuy » (*Angoysses*, p. 445).

40. La résolution qu'exprime ce passage reprend la teneur de la dixième épître familière où Hélisenne, désormais victime de l'amour et regrettant ce qui « retarde l'accomplissement des fervens & ardens desirs » (*Epistres*, p. 87), se montre tout à fait déterminée à aller jusqu'au bout : « Car il n'y a travail qui me lasse, il n'y a peril qui m'espovente : il n'y a accident qui me retire, ne prison qui me retienne » (ouvr. cité, p. 89).

41. La liste d'amants fidèles que présente la Dame amoureuse lui fournit l'occasion d'envisager avec moins d'appréhension la suite de ses amours. Un tel va-et-vient, à la fois affectif et argumentatif, renvoie à celui d'Hélisenne face à son amant dans les *Angoysses*. À ce sujet, voir l'article de Catharine Randall, « "L'argent" vif dedans la statue mobile : musique, mouvement et mutabilité chez Hélisenne de Crenne », dans *Hélisenne de Crenne. L'écriture et ses doubles*, ouvr. cité, p. 123-130.

42. « Le divin cytharien David dequoy povoit il plus honnorer son aymee Bersabee que ce quil dist ? Alcides la noble yole. Alexandre filz de Priam la fille de leda. Anthcine empereur a amye Cleopatra du royaume de Sorye fist present. Aristote a la sienne Hermya sacrifia » (*Peregrin*, I, f. 86 v°). Selon Lemaire de Belges, l'amour et la fidélité de Pâris-Alexandre envers Hélène serait attribuable à un enchantement suscité par cette dernière, « fine ouvriere de savoir composer certaines potions et bruvages [...] »

(*Illustrations*, II, 13, p. 127). Le général romain Marc Antoine (83-30 av. J.-C.) s'éprit de la reine d'Égypte Cléopâtre VII (69-30 av. J-C.) à laquelle il resta attaché jusqu'à sa mort. Les enfants de cette union reçurent notamment la Syrie en partage. Selon Diogène Laërce, Aristippe, dans le « premier livre de ses *Plaisirs des Anciens,* dit qu'Aristote s'éprit de la concubine d'Hermias, qu'avec la permission de celui-là, il l'épousa, et qu'il en fut tellement heureux qu'il lui offrit des sacrifices comme faisaient les Athéniens pour Déméter d'Eleusis, et qu'il écrivit pour Hermias un péan » (*Vie, doctrines et sentences des philosophes illustres I*, Robert Genaille (trad.), Paris, Garnier-Flammarion, 1965, p. 230). Le roi David épousa Bethsabée après avoir tué son mari (2 R 11, 1-27).

43. La conclusion à laquelle la Dame parvient à l'issue de son soliloque correspond au don de merci, qui se trouve expliqué dans les *Angoysses* (p. 214-215) par l'« ancienne damoyselle » qui tient compagnie à Hélisenne dans sa prison de Cabasus et qui, elle, n'est pas amoureuse.

44. Avec l'Amant et sa Dame, Amour représente le troisième pôle de la relation amoureuse.

45. L'emploi de la première personne du pluriel pour désigner la communauté du projet amoureux est inhabituel, aussi bien dans ce texte que dans les *Angoysses*, où on utilise généralement le singulier « mon intention » ou « son intention », soulignant la divergence des intérêts des amants. Dans le roman, il faut attendre la troisième partie pour trouver, formulé par Hélisenne, un projet commun les liant, c'est-à-dire la libération d'Hélisenne, emprisonnée par son mari dans le château de Cabasus : « [je] t'exposeray le moyen (entre tous les aultres) bien pensé et excogité, qui me semble plus utile pour à *noz* intentions parvenir » (*Angoysses*, p. 447 ; nos italiques).

46. La présence de Jalousie, déjà mentionnée comme allégorie du mari, constitue l'un des obstacles majeurs à la réalisation des désirs amoureux. Dans les *Angoysses*, Hélisenne et Guenelic sont eux aussi aux prises, sur un mode nettement moins allégorique, avec ces forces extérieures qui rappellent le caractère condamnable de leur amour. La figure de Rapport représente ici les diverses « langues malignes » qui, dans le roman, sont généralement associées au mari : la sœur de ce dernier (p. 439), la « trahistre domesticque » (p. 204), les « faulx relateurs » (p. 444), sans parler des « detractions » de Guenelic lui-même (p. 199).

47. L'idée selon laquelle le lion préfère se priver de vie plutôt que d'être tenu captif est formulée en des termes semblables dans le *Peregrin* : « Lanimal qui des Egyptiens tresbon est juge auquel la nature Leonique a pourveu avec la legierete chevaline et force Taurine/ a de coustume pour

habitude de ne craindre les coups des enferreurs/ mais par dol et fraulde des veneurs en une fosse soubz terre se vient prendre/ lequel se voyant ainsi captif/ rememorant la pristine liberte de vie se prive/ mais si les animaulx de ce celeste don sont curieux que doyvent faire les mortels? » (II, f. 169 r°).

48. Dans le roman, où une séparation conjugale est aussi envisagée, on trouve de semblables références aux biens que l'épouse possède, notamment lorsque le mari d'Hélisenne indique qu'elle a « du bien de par [elle], terres et seigneuries plus qu['il] n'en [a] » (p. 125). Hélisenne elle-même affirme à ce sujet : « moy qui avoye en ma possession plusieurs chasteaulx, terres et seigneuries, en sorte que j'estoys abondante et tres affluente en biens » (p. 229). Les considérations matérielles et légales s'y trouvent illustrées par les problèmes judiciaires concernant une « terre litigieuse » qui préoccupe fort les époux (p. 101 et 106) et qui font du « lieu plaidoyable », c'est-à-dire le tribunal, l'un des principaux espaces publics où Hélisenne peut aller et rencontrer son ami.

49. Le *Songe* propose une version altruiste de l'inquiétude que Guenelic éprouve dans le roman au sujet des menaces du mari à l'égard d'Hélisenne (« [...] j'ay continuellement consumé le temps en merveilleuse solicitude, craignant que monsieur vostre mary ne vous eust molestée ou mal traictée [...] » (*Angoysses*, p. 173)). En effet, dans les *Angoysses*, ce souci est souvent indissociable des inquiétudes que l'Amant éprouve à son propre sujet : « Helas ce qui plus me tourmente [...], c'est la continuelle presence de monsieur vostre mary : lequel journellement me menace, non seulement de me frapper ou molester : mais par mort violente à la nature me faire renoncer » (p. 166).

50. Rappelant les atermoiements et les précautions de Guenelic dans les *Angoysses*, l'appel réitéré à la patience semble révéler la pusillanimité de l'homme amoureux. Tout en donnant à Guenelic l'occasion de faire ses preuves en cherchant à libérer Hélisenne, les deuxième et troisième parties du roman montrent pourtant un personnage masculin qui ne réussit pour ainsi dire jamais à passer à l'action, comme si l'amour le condamnait à la paralysie. À ce sujet, voir Jean-Philippe Beaulieu, « Où est le héros? La vacuité de la quête chevaleresque dans les *Angoysses douloureuses* d'Hélisenne de Crenne », dans *Héroïsme et démesure dans la littérature de la Renaissance. Les avatars de l'épopée*, Denise Alexandre (dir.), Saint-Étienne, Publications de l'Université de Saint-Étienne, 1998, p. 135-145.

51. Les arguments que l'Amant invoque pour reporter la « fruition » de leurs amours ne convainquent pas la Dame qui semble y voir un faux-fuyant.

52. Cette valorisation de la vie est inhabituelle dans le corpus hélisénien. Dans le roman, Hélisenne affirme préférer la mort plutôt que de renoncer à l'amour (« j'aymeroys trop mieulx estre privée de vie que de la veue de mon amy » (p. 149)). Notons que le religieux qui tente de raisonner Hélisenne utilise une formule analogue à celle du *Songe*, mais au sujet de l'honneur qui paraît être un enjeu plus important que la vie (« en grande observance se doibt conserver et garder la chose, que quand une fois est perdue recouvrer ne se peult » (p. 154)).

53. « La faulse rumeur prestement se estainct et les choses futures par les preterites facilement se pe[u]vent comprendre » (*Peregrin*, II, f. 192 v°).

54. Tout comme Hélisenne, la Dame subit de mauvais traitements de la part de son mari pour avoir cherché à parler à son amant : « il me suyvit, en prenant le premier baston qu'il peult trouver [...] me donna de rechief deux ou troys coups si oultrageulx, que en plusieurs lieux de mon corps la chair blanche, tendre et delicate devint noire [...] » (*Angoysses*, p. 171) ; « [...] par si grand fureur et impetuosité, me donna si grand coup qu'au cheoir je me rompiz deux dentz, dont de l'extreme douleur, je fuz longue espace sans monstrer signe d'esperit vital » (p. 139).

55. Le « benefice litteraire » correspond ici à l'échange de lettres entre les amants, que l'on retrouve aussi dans les *Angoysses* (voir p. 128 et suiv.).

56. Tout comme Hélisenne affirme, dans le roman, avoir « commenc[é] du tout à chasser raison, parquoy la sensualité demeura superieure » (p. 105), la Dame amoureuse n'est pas pour le moment assujettie à la raison, comprise comme une force extérieure s'opposant au pouvoir de l'amour. En tant que personnification participant au débat, Raison interviendra dans le troisième volet du *Songe* (f. H ii v°).

57. La valeur thérapeutique de l'écriture épistolaire a été étudiée par Jerry C. Nash, « "Si oncq' lettres ou parolles [...] eurent vigueur et puissance de pouvoir prester salut" : Writing as Therapy in Helisenne de Crenne », dans *Parcours et rencontres. Mélanges de langue, d'histoire et de littérature française offerts à Enea Balmas*, Anna Maria Ranger, Michel Simonin *et al.* (dir.), Paris, Klincksieck, 1993, particulièrement les pages 521-524.

58. Cette situation de la Dame amoureuse n'est pas sans rappeler l'enfermement d'Hélisenne dans le château de Cabasus, où elle est placée sous la surveillance de la sœur du mari, désignée comme « la dame maldisante » (p. 424). Dans la treizième épître familière, la figure d'Argus aux mille yeux est également utilisée de façon métaphorique pour désigner le geôlier (p. 98). Argus, à qui Junon confie la surveillance d'Io métamorphosée

en génisse, est également décrit par Hélisenne dans les *Quatre Premiers Livres des Eneydes,* Paris, Denis Janot, 1541, livre IV, f. 86 r°.

59. Par crainte des maux qu'elle pourrait encourir, la Dame enjoint l'Amant de ne plus lui écrire.

60. La première partie du songe se termine avec cette conclusion qui débouche sur une impasse : l'Amant refuse que la Dame quitte son mari, mais suggère un échange épistolaire, que la Dame refuse à son tour. La seule option qui s'offre à elle semble être la mort, puisqu'elle invoque les trois Parques qui président au destin des humains et déterminent le moment de leur mort.

61. L'effet d'intertextualité avec le titre du premier texte publié par Hélisenne de Crenne est très net et rappelle que le désarroi amoureux de la protagoniste du roman est également celui de la narratrice du *Songe*. Celle-ci partage avec les amants « l'assidue et continuelle douleur » causée par la « precipiteuse charge d'amour » (f. A 5 r°-v°).

62. « [...] cestuy tresamer cupido [...] hay et mauldit/ et tousjours vollant par terre comme insidiateur a la porte dautruy continuellement gist vehement/ audacieux/ [...] contencieux/ enchanteur/ plein de poison venefique. [...] Infame cruel du mal dautruy tousjours se resjouyt et du bien se contriste » (*Peregrin*, I, f. 64 r°).

63. Cette description de Vénus provient en partie de la *Flammette* (ouvr. cité, f. 13 r°) : « Une dame belle a merveille ce presenta devant mes yeulx resplendissant de si claire lumiere que a peine ma veue la pouvoit souffrir [...] et veis la tres belle forme de la dame qui estoit nue excepte quelle estoit seullement couverte dune tressubtile toille de pourpre qui couvroit lexcellente merveilleuse et deifique beaulte de son corps tout ainsi que ung clair voirre subtil, et trespercent coeuvre quelque elegante figure ou ymage ».

64. La pomme d'or désignant la plus belle des trois déesses a été remise à Vénus par Mercure à la suite du jugement de Pâris (*Illustrations*, I, 32, p. 257).

65. « En ce disant, elle [Vénus] commença à desceindre sa noble ceinture, nommee Ceston, que dame Nature luy forgea jadis, pour la restraindre de sa trop grande licence et voluntaireté » (*Illustrations*, I, 33, p. 252 ; voir aussi I, 32, p. 242). À la suite du jugement de Pâris, Junon voua une « hayne non appaisable, encontre les Troyens ». Elle menaça Pâris de faire en sorte que « la malheureuse maison ou [il a] prin[t] naissance soit exterminee par [s]on moyen » (*Grand Olympe*, XI, f. 22 r°).

66. L'expression « consumer l'esprit et dissiper le corps », qui se retrouve aussi dans le roman (p. 200 et 429), résume les effets physiologiques

que l'amour entraîne. À propos de la maladie d'amour, on consultera l'article de Massimo Ciavolella, « Eros and the Phantasms of *Hereos* », dans *Eros and Anteros. The Medical Traditions of Love in the Renaissance*, Donald A. Beecher et Massimo Ciavolella (dir.), Ottawa, Dovehouse Editions, 1992, p. 75-85. Voir aussi Jacques Ferrand, *A Treatise on Lovesickness*, Donald Beecher et Massimo Ciavolella (éd. et trad.), Syracuse (New York), Syracuse University Press, 1990.

67. Faisant écho aux accusations de pusillanimité portées par Hélisenne (*Angoysses*, p. 170) et aux exhortations à la vaillance formulées par Quezinstra (ouvr. cité, p. 238 et 249) à l'endroit de Guenelic, Vénus laisse entendre que l'Amant, à qui elle s'adresse en premier lieu, tente de se soustraire à l'amour par peur du mari. Au sujet du manque de bravoure de Guenelic, voir Jean-Philippe Beaulieu, « Où est le héros ? La vacuité de la quête chevaleresque dans les *Angoysses douloureuses* d'Hélisenne de Crenne », art. cité, p. 141-143.

68. À la différence du reproche traditionnellement adressé à la femme à propos de son caractère changeant, Vénus met l'accent sur la constance de la Dame. Au sujet de la vision de la femme instable et changeante, on consultera le chapitre 5 « The Stable Sex », dans Alcuin Blamires, *The Case for Women in Medieval Culture*, Oxford, Clarendon Press, 1997, p. 126-152.

69. Du sang de Méduse tuée par Persée naquit « Pegasus ung cheval volant, sur lequel Perseus monta en lair qui le porta et vola tant quil arriva en la montaigne de Eliconie : et la descendit par grand roideur. Soubz son pied sourdist la fontaine de divine Sapience et de Clergie, et de Philosophie » (*Grand Olympe*, IV, f. 70 r°). Le mont Hélicon est mentionné dans la quatrième épître invective, p. 128.

70. La description de Pallas coïncide en tous points avec celle que l'on trouve dans les *Illustrations* de Lemaire de Belges ainsi que dans le *Grand Olympe* : « Pallas la noble vierge deesse de prudence et fortitude estoit habituee de trois riches vestemens de diverses couleurs telz quelle mesmes avoit taint et tissu de ses propres mains sacrees. En icelles trois robes estoient painctes et subtillement tires douvraige de brodure, les .vij. Ars liberaulx : et les .vij. vertuz tant moralles que cardinales : et plusieurs autres imaiges de force bellique et humaine prudence » (*Grand Olympe*, XI, f. 13 v°). Les développements au sujet de la tripartition des vêtements, indice de la difficulté herméneutique associée à la figure de Pallas, s'inspirent directement de Lemaire de Belges : « La noble vierge Pallas Deesse de prudence et de fortitude, estoit habituee de trois riches vestemens de diverses couleurs, telz quelle mesmes avoit teint et tissu de ses propres mains sacrees. [...] En icelles

trois robes estoient peintes et subtilement tirees douvrage de brodure les sept ars liberaux, et les sept vertus tant morales que cardinales, et plusieurs autres images de force bellique et humaine prudence. La triplicité diceux trois accoustremens estranges et entrechangeans leurs couleurs inusitées, denotoit, que sapience est fort celee et couverte aux ignorans : et que peu de gens peuvent discerner sa varieté merveilleuse et sa beauté interieure » (*Illustrations*, I, 31, p. 236).

71. La même formule à caractère proverbial se retrouve dans les *Angoysses* (p. 269) et les *Epistres* (p. 132).

72. « La premiere piece de son harnois estoit une riche salade crestee et lambequinee richement : Tymbree dune Chouette, et couronnee dune branche dolive » (*Illustrations*, I, 31, p. 236) ; « Elle estoit oultre plus armee, & la premiere piece de son harnois estoit une sallade riche, crestee et lambroquinee richement. Tymbree d'une chouette, et couronnee dune branche Dolive » (*Grand Olympe*, XI, f. 13 v[c]).

73. « Lolive est consacree à ladite Deesse Pallas, à cause que paix qui est entendue par lolive quise par armes, et la Chouette est mise en sa tutelle, pource que lhomme prudent voit aussi cler de nuict que de jour en la difficulté de ses affaires » (*Illustrations*, I, 31, p. 237)

74. Placée au centre du bouclier de Pallas, la tête serpentine de Méduse, l'une des trois Gorgones, pétrifiait ceux qui croisaient son regard. « Et en sa cuirasse [...] estoit imprimee lhorrible teste Gorgone, pour donner crainte et frayeur à ses ennemis. Elle avoit un escu crystallin qui est ferme, cler et transparent [...]. Elle portoit oultreplus, une lance baneree et armoyee, dont le bois estoit de grand longueur [...]. Elle avoit esles emplumees aux bras et aux talons » (*Illustrations*, I, 31, p. 236-237) ; « Et en sa cuyrasse estoit imprimee lhorrible teste Gorgone, pour donner crainte et frayeur a ses ennemis. Elle avoit ung escu cristallin, qui est ferme cler et transparent. Elle portoit aultreplus une lance baneree et armoyee dont le bois estoit de grand longueur. Elle avoit esles emplumees aux bras et talons » (*Grand Olympe*, XI, f. 13 v°).

75. « Certes il nest de moindre infamye a noter que fut Ceneus qui dhomme en femme se transmua » (*Peregrin*, I, f. 99 r°). Selon Ovide, la transformation de Cénée a plutôt été de femme en homme. En effet, dans le livre XII des *Métamorphoses*, Nestor raconte l'histoire de la Lapithe Cénis, enlevée par Neptune, qui lui accorda son souhait de devenir un homme invulnérable (voir *Grand Olympe*, XII, f. 46 v°-47 r°).

76. Le jeune homme s'adonnait à des activités traditionnellement réservées aux hommes avant de connaître l'amour. Le thème de la dévirilisation occasionnée par le sentiment amoureux est aussi abordé dans les

deuxième et troisième parties des *Angoysses* (voir l'article de C. Bauschatz, « Travestissement textuel dans la "Seconde Partie" des *Angoysses douloureuses* », art. cité). L'efféminisation de l'amant est un thème fréquent ; voir notamment Louise Labé, « Debat de Folie et d'Amour », dans *Œuvres complètes*, François Rigolot (éd.), Paris, Flammarion, 1986, p. 98, et « Élégie I », dans ouvr. cité, p. 108-109.

77. Le mont Hélicon, d'où jaillit la fontaine Castalie, est le lieu d'élection des Muses. « [...] tant arrose de helicon et de castalie [...] la promptitude ciceronienne/ la brefvete Salustienne/ la Socratique raison/ la divinite Platonique/ Laristotelique invention » (*Peregrin*, I, f. 66 r°). Des qualificatifs presque identiques sont appliqués à Marguerite de Navarre dans la quatrième épître invective : « la divinité Platonicque, la prudence de Caton, l'eloquence de Cicero, & la Socratique raison » (p. 130).

78. Dans les *Illustrations* de Lemaire de Belges, la déesse Pallas promet aussi à Pâris la prudence : « Si te seront mes tresors communiquez : et auras la congnoissance parfonde des choses secrettes, retention memorative des besongnes passees, cler entendement des presentes, et utile prevision des futures » (*Illustrations*, I, 31, p. 239). Voir Judy Kem, « Definition of Prudence », dans *Jean Lemaire de Belge's* Les Illustrations de Gaule et singularitez de Troye. *The Trojan Legend in the Late Middle Ages and Early Renaissance*, New York/Berne/Berlin, Peter Lang, 1994, p. 91-94. Cette formule reprend la définition traditionnelle de la sagesse associée à la prudence, telle qu'on la retrouve par exemple chez Thomas d'Aquin (1225-1274) ou chez Dante (1265-1321) : « Il convient donc d'être prudent, c'est-à-dire sage ; et à cette fin est requise bonne mémoire des choses vues, bonne connaissance des présentes et bonne prévoyance des futures » (Dante Alighieri, *Banquet*, IV, XXVIII, 5).

79. Aux yeux de Pallas, les fruits de l'activité intellectuelle sont préférables aux biens matériels qu'assure la protection de Junon. Comparant les « hautaines richesses de dame Juno » avec la « remuneration eternelle de la sapience et vertu de dame Pallas » (*Illustrations*, II, 8, p. 77), Lemaire de Belges évoque « la vie active de Juno, et la vie contemplative de Pallas » (*ibid.*, I, 34, p. 272).

80. La furie, entendue ici au sens de fureur érotique telle que la définit par exemple Platon dans le *Phèdre* (265a-b), s'empare de la personne et cause une folie amoureuse.

81. « [...] Hymeneus le gracieux Dieu des noces, ne la bonne deesse Juno, qui preside aux mariages legitimes » (*Illustrations*, II, 8, p. 79). Hyménée joue un rôle analogue à celui de Junon « qui a accoustume de

presider aux mariages legitimes » (H. de Crenne, *Les Quatre Premiers Livres des Eneydes*, livre IV, f. 83 v°).

82. « Mais en leur lieu y aborderent les trois diaboliques et horribles Deesses, que les poëtes appellent Furies. Cestadire Rages, Harpyies, Chiennes ou Eumenides, filles dun fleuve infernal nommé Acheron qui signifie perdition de joye [...]. La premiere sappelle Alecto, cestadire non reposant. La seconde Thisiphone : qui vaut autant, comme voix furieuse. Et la tierce est nommee Megera : qui se peult interpreter noise ou discord » (*Illustrations*, II, 8, p. 79-80).

83. Cette « liqueur celeste », ainsi qu'on la décrit dans la phrase suivante, est l'eau de l'Hélicon déjà mentionné au f. E iiii v°.

84. À l'instar du terme « jouvenceau », le mot « adolescent » signale le statut de jeune homme de l'Amant, puisque, au XVIe siècle, l'adolescence correspond généralement à la période de la vie s'étendant de 15 à 30 ans. Voir Philippe Ariès, *L'Enfant et la vie familiale sous l'Ancien Régime*, Paris, Seuil, 1973, p. 37, et Elizabeth Sears, *The Ages of Man : Medieval Interpretations of the Life Cycle*, Princeton, Princeton University Press, 1986, p. 225.

85. Cette périphrase désigne la déesse Pallas-Minerve présidant aux affrontements guerriers. Voir *Illustrations*, I, 31, p. 240 : « Et par letymologie de mes noms, qui suis aucunesfois appellee Pallas, autresfois Minerve, cestadire vierge immortelle, et non corrompable : et autresfois Bellone, pour ma vertu bellique. »

86. Alors que Pallas avançait l'argument selon lequel la passion amoureuse dévirilise l'homme (f. E iiii v°), Vénus soutient quant à elle que les vertus guerrières, personnifiées ici par Mars, ne sont pas étrangères à l'amour. La liaison qu'eurent Vénus et Mars, au grand dam de Vulcain qui voulut la rendre publique, est décrite dans le *Grand Olympe*, IV, f. 59 r°-v°.

87. Le « politique » étant la branche de l'éthique relative au comportement de l'homme en société, l'adjectif « politicque » témoigne peut-être ici du caractère collégial des activités de sociabilité intellectuelle auxquelles Pallas convie l'Amant (« je te fais offre de mes inestimables thresors : lesquelz de toutes gens de splendides et clers esperitz sont preferez à ceulx de la déesse Juno » (f. E 5 r°)), au détriment, selon Vénus, de l'expérience amoureuse singulière. De ce point de vue, le débat entre Vénus et Pallas constituerait une illustration des tensions qui surgissent de la confrontation des passions individuelles et des forces sociales qui les contraignent.

88. Vénus souligne la complexité interprétative (« difficile intellecture ») des propos de Pallas, en rappelant le triple déploiement de leurs

significations « morales, phisicales ou metaphisicales ». Hélisenne adapte ici certains éléments du discours que, dans le *Grand Olympe* et, de manière plus développée dans les *Illustrations*, Vénus adresse à Pâris pour le mettre en garde contre l'influence de Pallas « inculquee pour enveloper [s]a noble fantasie, en ses vagues sophistiques, en ses regorts de disputations morales, physicales ou metaphysicales, et faire hurter [s]a Galee ingenieuse contre la roche brune de ses syllogismes politiques, intriquez et entouillez de timidité, mal seant à jeune Prince, pour estre absorbé en ses abymes parfondes et investigables : englouty au fons de ses figures de difficile intellecture, et versé au canal enigmatique de ses propositions douteuses et paraboles ambigues [...] » (*Illustrations*, I, 32, p. 246-247). « [...] pour enveloupe[r] ta noble fantaisie en ses tourbillons sophistiques, en ses regortz de disputations moralles, phisicales : et faire hurter la gelee ingenieuse contre la roche obscure de ses syllogismes polliticques et intricquez et entouillez de craincte mal seant a jeune prince. Pour estre resorbe en ses abysmes parfondz et investigables engloty ou fons de ses figures, de difficille intellecture, et voultre ou canal enigmaticque de ses suppositions douteuses, et parabolles ambigues » (*Grand Olympe*, XI, f. 16 v°-17 r°).

89. « Si fault il toutesfois en maniere dung bon marinier de telle sorte estoupper ses oreilles/ que le chant des syrenes ne nous endorme et meine en naufrage et perdition » (*Peregrin*, I, f. 13 v°). Les sirènes « [p]ar leurs doulces voix enchantent & endorment les mariniers quant ilz viennent en leur contree, puis les noyent : & enfondrent au parfond de la mer leur navires [...] » (*Grant Olympe*, V, f. 96 r°).

90. Liée à la sagesse, attribut de Pallas, et fondée sur l'intellect dont la fonction consiste en la connaissance de la vérité, la vie contemplative (aussi appelée spéculative) se distingue de la vie active tournée vers les occupations entreprises pour subvenir aux nécessités de l'existence pratique et civile (Thomas d'Aquin, *Somme théologique*, II, ii, 179, 1-2 ; 182, 1-2). Ces deux types de vie (*contemplativa* et *activa*) se démarquent de la vie voluptueuse animée par la convoitise (*libido*) et les plaisirs sensuels (Aristote, *Éthique*, I, v). C'est un lieu commun d'associer Pallas à la vie contemplative, Junon à la vie active et Vénus à la vie voluptueuse ; voir, entre autres, J. Lemaire de Belges, *Illustrations*, I, 35, p. 272.

91. Il s'agit ici de la *virtùs*, entendue au sens de force, de fermeté, par opposition à l'hésitation, à l'inconstance.

92. « Regarde comme folement tu propose la tenebre a la lumiere/ la mort a la vie/ la prudence a la folie/ laveugle au voyant/ la misere a la gloire/ la pusilanimité a la force/ la povrete a la richesse/ la servitude a la liberte/ le

verd au sec/ le doulx a lamer/ le mauvais au bon » (*Peregrin*, II, f. 166 r° ; voir aussi II, f. 145 r°).

93. Même si l'*Énéide* ne précise pas qu'Ulysse est l'auteur du stratagème qui conduisit Troie à sa chute, le texte de Virgile l'y associe (*Énéide*, II, 5 et suiv.).

94. Cette métaphore de la navigation semble s'inspirer du discours adressé à Pâris par Pallas (à la fois dans le *Grand Olympe* et dans les *Illustrations*), discours saturé par des images de vaisseau cherchant à éviter le « gouffre de vilaine lubricité » et à « prendre repos au port de tranquilité paisible » (*Illustrations*, I, 21, p. 238-239).

95. Issue de la tradition médiévale, la figure d'Inconvénient figure dans plusieurs textes allégoriques de la première moitié du XVIe siècle. Décrivant, dans les *Angoysses et remedes damours*, une situation qui n'est pas sans évoquer l'emprisonnement d'Hélisenne dans le roman, Jean Bouchet associe Inconvénient à Honte, Danger et Faux Rapport : « Ceste dame cy se tenoit / En un chasteau de belle sorte / Honte la barriere en gardoit / Et Inconvenient la porte. / [...] Car Dangier la dame gardoit / Et faulx raport servoyt d'espie / Envie de pres regardoit / Jalousie ne dormoit mie [...] » (*Les Angoysses et remedes damours*, Poitiers, Jean et Enguilbert de Marnef, 1536, p. 7-8).

96. Suit une liste d'*exempla* illustrant les conséquences malheureuses de l'amour et dont la plupart sont tirés de compilations ovidiennes. L'amour d'Alcide (Hercule) pour Iole suscita la colère de son épouse Déjanire qui le fit périr au moyen d'une tunique empoisonnée. Après la noyade de Léandre qui tentait de rejoindre à la nage sa bien-aimée Héro, celle-ci mit fin à ses jours en se jetant à la mer. Jalouse d'Andromaque, concubine de son mari Pyrrhos, Hermione fit tuer ce dernier par son ancien fiancé Oreste. Follement amoureux d'Anaxarète qui lui refusait ses faveurs, Iphis se pendit à la porte de la jeune fille. Dans ses *Angoysses et remedes damours* (p. 74-77), Jean Bouchet recourt à plusieurs de ces figures afin de démontrer les effets de « folle amour ».

97. Citant Boccace (*De claribus mulieris*, XLVII), qui lui-même reprend les *Héroïdes* d'Ovide, Christine de Pizan explique que Sapho « trouva plusieurs manieres de faire chançons et dictiez, laiz et plaintes plourables, et lamentacions estranges d'amours et d'autre sentement moult bien faittes et par bel ordre qui furent nommez de son nom saphice » (*The « Livre de la cite des dames » of Christine de Pisan. A Critical Edition*, Maureen Curnow (éd.), thèse de doctorat, Nashville, Vanderbilt University, 1975, 85a, p. 729). Cette mention du style « saphique » se retrouve également chez Jean Bouchet en des termes semblables à ceux du *Songe* : « Sapho qui feit tant de Carmes lyriques/

dont est prisé le sexe feminin/ et inventa le luc, et vers sapphiques,/ sentit d'amour le dangereux venin » *(Angoysses et remedes damours*, ouvr. cité, p. 77). Symphorien Champier y fait également référence : « Sapho fut [...] plus ayant de fureur a metres liriques que aultres. Et trouva ung genre de metres que nous avons qui delle est appellee saphique. Et passa tous ceulx de son temps en ce genre de metre. De ceste Sapho a seing Ovide une epistolle a Phaon de grand stille et merveilleuse doulceur » (*La Nef des dames vertueuses*, Paris, J. Lagarde, 1515, livre I, f. D1 v°). C'est dans la quinzième lettre fictive des *Héroïdes* d'Ovide, traduites en français par Octovien de Saint-Gelais, que l'on retrouve la mention de l'amour de Sapho pour Phaon.

98. Pallas se compare à un expert en médecine, c'est-à-dire au « Phisicien » qui traite la nature humaine.

99. La princesse grecque Coronis donna naissance à Esculape, fruit de son union avec Phébus, qui « trouva lart de nigromance, et scavoit tant de medicine quil faisoit les mors ressusciter » (*Grand Olympe*, II, f. 30 v°).

100. À l'incitation de la déesse Diane, Esculape « par force dherbes » « fist revivre » Hippolyte, le fils de Thésée, après son accident de char (*Grand Olympe*, XV, f. 102 r° ; voir aussi Virgile, *Énéide*, VII, v. 765 et suiv). Diane l'aurait fait appeler *Virbius*, parce qu'il avait été deux fois *(bis)* un homme *(vir)*, en raison de sa résurrection.

101. À propos des rapprochements que suggère la graphie des expressions « champs Elysées » et « champs Elesiens ou Helisiens », on consultera l'introduction de Christine de Buzon, dans son édition des *Angoysses*, ouvr. cité, p. 27-28.

102. L'une des fonctions de Mercure est de conduire les âmes vers l'au-delà (Guy Demerson, « Mercure dans la mythographie de la Renaissance », dans *Mercure à la Renaissance*, Claudie Balavoine *et al.* (dir.), Paris, Honoré Champion, 1988, p. 7-10). On trouve d'ailleurs une illustration de ce rôle de psychopompe dans les *Angoysses*, où Mercure accompagne Quezinstra et « les ames de[s] amans au Royaulme de Minos » (p. 488). Toutefois, Mercure ne rappelle pas les morts à la vie ; il ne fait que les mener des Enfers aux champs Élysées, comme l'illustre cet extrait des *Quatre Premiers Livres des Eneydes* (livre IV, f. 86 r°) : « en sa dextre [Mercure] print sa verge, aultrement dicte Caducée enveloppée de deux serpens entortillez de laquelle verge il enchanta et endormit Argus le clair voyant [...] outre cela estoit si grande la puissance, qu'il tenoit en suspens la region Plutonicque, car à son vouloir revocquoit de Phlegeton (ou consistent les peines infernales) les ames tristes : et les posoit par sa fatale disposition en seure tranquilité de doulx et suave repos ».

103. Vénus énumère plusieurs cas d'infidélité de Jupiter, où, en dépit de la jalousie de Junon, les amantes échappent en général à leur sort malheureux. Transformée en vache par Jupiter pour dissimuler son infidélité à Junon, Io « moult dolente de sa mutation » est placée par Junon sous la garde d'Argus. Lorsque la fille d'Inachos cherche à apitoyer son geôlier, en parlant « comme accoustume avoit [,] une telle voix mist dehors, que mesmes elle sen espouventa » (*Grand Olympe*, I, f. 16 v°). Io reprit par la suite sa forme humaine. Marot traduisit en français cet épisode des *Métamorphoses* d'Ovide, qu'il publia dès 1534 chez Étienne Roffet à Paris. Il traduisit aussi le passage où Callisto est transformée en ourse.

104. Par jalousie, Junon incita Sémélé à demander à Jupiter qu'il se montre à elle dans toute sa splendeur et l'« accole » comme il le fait avec son épouse. Mais Sémélé ne put « souffrir le tourment ne la chaleur » de Jupiter sous son apparence réelle et en mourut (*Grand Olympe*, III, f. 44 r°).

105. « Moult courroucée » des amours de Jupiter et de Callisto, Junon « osta [à celle-ci] sa belle forme, & la mua en une vielle ourse » (*Grand Olympe*, II, f. 27 r°). La nymphe fut finalement transformée en constellation par Jupiter.

106. Pour punir Écho de masquer par son éloquence la fuite des autres nymphes, qui « couchoient avec son mary », Junon la condamna à répéter les derniers mots d'autrui, en « abregea[nt] sa parolle tellement que oncques puis ne commencea aucune raison : mais qui la commence elle la fine & recorde les derniers motz » (*Grand Olympe*, III, f. 46 r°).

107. Dans ce contexte, les vocables « fantasie » et « ymaginations » désignent respectivement la faculté imaginative, d'une part, et ses productions, d'autre part. Voir Guylaine Fontaine, « "Des bouts du cœur et de la fantaisie". Amour et imagination dans la fiction des femmes écrivains de la première moitié du XVIe siècle », *Littératures* (« L'Écriture des femmes à la Renaissance » ; Diane Desrosiers-Bonin (dir.)), n° 18, 1998, p. 133-150.

108. Devant l'Amant, qu'elle montre surpris et apeuré, Pallas retarde le dévoilement de l'identité de la créature monstrueuse, afin d'en accentuer la portée. En effet, la Renommée et les maux qu'elle entraîne constituent le principal argument que Pallas invoque pour dissuader l'Amant de réaliser ce qui n'est encore qu'un projet. Tout ce passage correspond à la traduction qu'Hélisenne a fournie de la portion du quatrième livre de l'*Énéide* où il est question de « Fame » (ou Renommée) : « Et pour declairer de ceste Fame l'origine, fault entendre que, selon les antiques, de la grand mere Cibele fut procrée. Car après la mort & extermination des Gigans ses enfans, elle fut contre l'ire des dieux si inflammée, qu'incontinent fut par elle ceste

renommée produicte, elle la fist agile de piedz, avec grandes et legeres aesles : affin que plus facilement diversitez de nouvelles peult en toutes pars annoncer. Cest horrible monstre fut enormement grand de corps : lequel estoit tout couvert d'innumerables multitude de plumes, et autant avoit d'yeulx clairs et vigilans, qui en leurs regardz estoient promptz et cauteleux, autant avoit de bouches, langues et aureilles pour toutes reproches ouir, durant les nocturnes tenebres legerement vole, cherchant obscurité umbrageuse, cognoissant que tel temps est apte à quelque malefice perpetrer [...]. Et quand la venue Aurorine excite Phoebus d'illustrer l'universel, sur les exaltez palais et tours eminentes elle se pose, pour faire pulluler et augmenter de scandale la force, elle ne fault aussi d'assister aux populeuses citez, pour seminer la periculeuse graine de discorde : laquelle de maulx enormes et execrables est productrive, et autant de mensonges que de propos veritables indiscretement annoncoit, emplissant les aureilles des auditeurs de diverses merveilles [...] » (H. de Crenne, *Les Quatre Premiers Livres des Eneydes*, livre IV, f. 84 r°). La figure de Renommée, décrite plus succinctement mais en des termes semblables, se retrouve dans la treizième épître familière (*Epistres*, p. 100).

109. Le renvoi à Mavors, l'un des noms du dieu Mars, et à Esculape signifie qu'aucune arme ni remède ne pourra préserver l'Amant des atteintes de « Fame ».

110. « [T]a partie » désigne ici le camp de Vénus, adversaire de Pallas.

111. L'idée selon laquelle l'homme serait plus responsable que la femme, parce que plus raisonnable qu'elle, est un argument fréquemment invoqué dans la Querelle des femmes. « Il ne faut donc plus crier que les femmes ont perdu et gâté le monde car, en cela, les hommes sont bien plus à blâmer, pour avoir si mal usé de la plus grande excellence et vertu que Dieu leur a données de ne s'être su montrer victorieux de leurs désordonnés appétits, en se laissant surmonter par le moindre et plus fragile sexe » (Jean de Marconville, *De la bonté et mauvaiseté des femmes* (1564), Paris, Côté-femmes, 1991, p. 23).

112. « Hipolite fut homme tempte/ prie et provocque au libidineux coucher de sa marastre/ et si ny fut il point consentant/ et pource nen fut violente ne contrainct » (*Peregrin*, II, f° 40 r°). En effet, Hippolyte n'a pas été contraint de se soumettre aux avances de sa belle-mère, Phèdre. Toutefois, l'*exemplum* passe sous silence le sort fatal qu'il connut à la suite de ce refus. Au sujet des conséquences fatidiques du mensonge de Phèdre, voir le *Grand Olympe*, XV, f. 101 r°.

113. « Souverain monarque bien je congnois et veoy quelle puissance a une langue diserte en grandes et haultes matieres » (*Peregrin*, I, f. 63 r°).

114. Dans le *Songe*, la femme, constante en amour, s'avère dès le départ liée à Vénus, alors que l'homme, soumis aux discours persuasifs de Pallas, se révèle plus influençable, en se rangeant finalement dans le camp de Pallas. Dans les *Angoysses*, la position des protagonistes est nettement moins polarisée.

115. L'humeur mélancolique a partie liée avec l'amour malheureux ; voir Raymond Klibansky, Erwin Panofsky et Fritz Saxl, *Saturne et la mélancolie*, Paris, Gallimard, 1989, p. 351-355 et p. 375. La Dame devient alors, à la manière des *Héroïdes*, « la plus loyalle et fidelle amante » abandonnée.

116. À la fin de l'entretien entre les amants, l'homme proposait à la Dame de limiter leurs échanges à des lettres, par crainte de Jalousie ; à l'issue de la confrontation entre Vénus et Pallas, l'Amant va encore plus loin – toujours par peur, selon Vénus – et met fin à la relation amoureuse.

117. « O que vergongneux est le salut/ qui par le fuyr seulement se acquiert[.] Et heureuse est la mort qui de force de courage procede » (*Peregrin*, I, f. 98 v°). Les ouvrages de lieux communs de l'époque contiennent de nombreuses sentences à ce sujet : « Mieulx vault mourir que vivre a honte » ; « La noble mort est meilleure que la vile dominacion » (Sénèque, *Des motz dorez des quatre vertus en francois*, Paris, Antoine Vérard, s.d., f. EE5 r°).

118. Le sentiment amoureux que la Dame éprouve est si puissant qu'il la rend insensible aux arguments de Vénus, ce qui n'est pas sans évoquer la détermination du personnage d'Hélisenne devant les remontrances du religieux dans les *Angoysses* (p. 156).

119. L'université d'Athènes est le lieu où réside Pallas Athéna. En effet, dans les *Illustrations* de J. Lemaire de Belges, la déesse du savoir cite « l'exemple de la sage université d'Athenes, laquelle est en [s]a tutelle » (*Illustrations*, I, 21, p. 240).

120. Dans la *Flammette* (ouvr. cité, f. 19 v°), Vénus rappelle que « mesmes le hault Jupiter qui regist le ciel » a été contraint par Cupidon de « soy desguiser et transformer, aulcunefoys en forme dung blanc cigne, aulcunefoys en forme dung thoreau cornu [...] ».

121. Phébus s'étant moqué de lui, Cupidon se vengea en le rendant amoureux de Daphné, tout en faisant en sorte que celle-ci soit insensible aux charmes d'Apollon (*Grand Olympe*, I, f. 14 v°). Clément Marot fournit une traduction de ce récit (*Œuvres poétiques complètes*, t. II, Gérard Defaux (éd.), Paris, Bordas, 1993, p. 433-439). Cette situation est assez exactement reprise dans le *Songe*, où l'Amant, jusque-là plutôt tiède, est « plus enflambé que

precedentement » (f. G 7 v°), alors que la Dame est libérée par Cupidon de la « precipiteuse charge d'amour » (f. G 8 v°).

122. « Neptunus dieu de la mer de couleur bleue et ynde, Alpheus et aultres dieux et deesses marins avecques toutes leurs dames nont peu estaindre le feu damours » (*Flammette*, ouvr. cité, f. 21 r°).

123. Voir la note 18.

124. Afin de contrer l'influence de Pallas qui, comme la déesse Diane, est associée à la chasteté, Vénus exhorte son fils à « approuver » la puissance de son intervention, c'est-à-dire à en faire la preuve.

125. Les Charites, ou les trois Grâces, sont, selon Lemaire de Belges, « Pasithea, Egyale, et Euphrosyne. La premiere attrayant, la seconde entretenant, et la tierce retenant fermement les amans en amours » (*Illustrations*, I, 32, p. 243).

126. Contrairement à ses visées habituelles, Cupidon éteint la flamme amoureuse de la Dame, afin de punir l'Amant qui s'est soustrait à sa puissance. Il inverse donc les sentiments respectifs des amants. La punition qu'encourent ceux qui résistent à l'amour constitue l'un des principaux enjeux des *Comptes amoureux* de Jeanne Flore. Voir, dans les deuxième et troisième contes, le châtiment infligé aux femmes qui repoussent l'amour (*Les Contes amoureux par Madame Jeanne Flore*, ouvr. cité, p. 85-112 et 113-122).

127. La flèche plombée évoque celle que tira Cupidon vers Daphné (voir la note 121). Par opposition à la flèche à « pointe de fin or » qui suscitait le sentiment amoureux, la flèche « avec pointe de plomb » faisait en sorte que celui qu'elle touchait « estoit entache de courroux et plain de reffuz et de hayne » (*Grand Olympe*, I, f. 14 v°). L'histoire de Phébus et Daphné est évoquée dans les *Angoysses* (p. 268), qui opposent également « flesche dorée » et « sagette plombée ». Pour les autres significations attribuées à ces deux types de flèches, voir *Le Roman de la rose*, ouvr. cité, v. 920-981.

128. Les *Illustrations de Gaule et singularitez de Troyes* de Jean Lemaire de Belges énumèrent les cinq degrés d'amour : « Les nobles Poëtes disent, que cinq lignes y ha en amours, cestadire, cinq poincts ou cinq degrez especiaux. Cestasavoir le regard, le parler, lattouchement, le baiser : Et le dernier qui est le plus desiré, et auquel tous les autres tendent, pour finale resolution, cest celuy quon nomme par honnesteté le don de mercy » (*Illustrations*, I, 26, p. 183). À propos des cinq degrés d'amour, on consultera Yannick Carré, *Le Baiser sur la bouche au Moyen Âge : rites, symboles, mentalités à travers les textes et les images, XIe-XVe siècles*, Paris, Le Léopard d'Or, 1992, p. 62-63. L'auteur mentionne la même source qu'E.R. Curtius, c'est-à-dire le commentaire de Donat sur Térence (*La Littérature européenne*

et le Moyen Âge latin, t. II, Paris, PUF, 1956, p. 347). Il renvoie aussi au *Traité de l'amour* (I, 6) d'André Le Chapelain. Au sujet du don de merci dans le *Songe* et les *Angoysses* d'H. de Crenne, voir la note 43.

129. « [...] que le mari ne répudie pas sa femme » (1 Cor 7, 11).

130. À partir de l'intervention de Honte, qui marque le début de la troisième partie du *Songe*, c'est la fidélité de la Dame envers son époux qui fait désormais l'objet des efforts de persuasion de la part des personnifications allégoriques. À la différence des propos tenus par les autres figures qui interviennent dans le *Songe*, ceux de Sensualité sont rapportés uniquement à l'intérieur des interlocutions de dame Hélisenne et non en discours direct, ce qui, dans l'économie du texte, atténue la présence – voire la portée – de sa prise de parole.

131. Lançant le débat, Raison s'adresse directement à Sensualité, de façon à prouver que, en dépit de l'ascendant que celle-ci a exercé jusque-là sur la Dame, c'est Raison qui doit dorénavant dominer.

132. « Lame qui est du bien et du mal capable pour la force de son liberal arbitre est transmuable de lung a lautre/ et peult ouvrer cela que plus plaist/ et est de si grande puissance que soy et autruy peult sauver. Et en adherant a la divine voulente toutes choses luy succedent en bien/ et en ouvrant le contraire de cela est premiee. Et le corps si elle nest consentante nest point de si grant force qui la puisse convaincre » (*Peregrin*, III, f. 225 r°). La question du libre ou du serf arbitre a suscité bon nombre de discussions au cours de la première moitié du XVIe siècle (voir Georges Chantraine, *Érasme et Luther. Libre et serf arbitre. Étude historique et théologique*, Paris/Namur, Éditions Lethielleux/Presses universitaires de Namur, 1981). Entre le libre arbitre total et l'entière soumission à la grâce divine, le personnage de Raison opte pour la synergie du « liberal arbitre » conjugué à l'« ayde de Dieu ». Robert Cottrell expose les enjeux théologiques de ce passage dans « *Le Songe* d'Hélisenne de Crenne », dans *Hélisenne de Crenne. L'écriture et ses doubles*, ouvr. cité, p. 226-229.

133. Voir l'Épître de saint Jacques (1, 15) : « Puis la convoitise, ayant conçu, donne naissance au péché, et le péché, parvenu à son terme, enfante la mort ».

134. On se reportera au chapitre sur « Le rôle de la femme dans la génération », dans Évelyne Berriot-Salvadore, *Un corps, un destin. La femme dans la médecine de la Renaissance*, Paris, Honoré Champion, 1993, p. 113-119. Voir aussi Ian MacLean, *The Renaissance Notion of Women*, Cambridge, Cambridge University Press, 1980, p. 28-46.

135. Dans cette conception renaissante évangélique, l'homme coopère aux desseins divins. Voir la note 132. Sur les formes de cette synergie, on consultera l'ouvrage de M. A. Screech, *L'Évangélisme de Rabelais. Aspects de la satire religieuse au XVIe siècle, Études rabelaisiennes*, t. II, « Travaux d'Humanisme et Renaissance », n° XXXII, Genève, Droz, 1959.

136. « C'est par la grâce de Dieu que je suis ce que je suis, et sa grâce à mon égard n'a pas été stérile. Loin de là, j'ai travaillé plus qu'eux tous : oh ! non pas moi, mais la grâce de Dieu qui est avec moi » (1 Co 15, 10).

137. La naissance difficile du dernier fils de Rachel (qui coûta d'ailleurs la vie à cette dernière) explique le nom « Ben-Oni » (« fils de ma douleur ») qu'elle donna à celui que son père nomma Benjamin (« fils de bon augure ») par la suite (Gn 35, 18). Par opposition, la naissance d'Isaac fut un événement heureux pour Sara, elle aussi avancée en âge (Gn 17, 19).

138. « La femme, sur le point d'accoucher, s'attriste parce que son heure est venue ; mais lorsqu'elle a donné le jour à l'enfant, elle ne se souvient plus des douleurs, dans la joie qu'homme soit venu au monde » (Jn 16, 21). Les *Angoysses* donnent à voir un passage analogue : « [...] mais comme une femme enceincte, laquelle est persecutée de griefves et excessives douleurs devant la naiscance de l'enfant, mais incontinent qu'elle voit son fruict, la parfaicte joye et liesse ou elle est reduicte, luy faict oublier les peines precedentes [...] » (p. 138-139).

139. « Mais à tous ceux qui l'ont accueilli, il a donné pouvoir de devenir enfants de Dieu, à ceux qui croient en son nom, lui qui ne fut engendré ni du sang, ni d'un vouloir de chair, ni d'un vouloir d'homme, mais de Dieu » (Jn 1, 12-13).

140. Il s'agit d'une paraphrase de Jr 3, 12-13.

141. La responsabilité d'Ève dans la faute originelle est un argument récurrent de la Querelle des femmes. Voir Marc Angenot, *Les Champions des femmes. Examen du discours sur la supériorité des femmes. 1400-1800*, Montréal, Les Presses de l'Université du Québec, 1977, p. 104-105, de même qu'I. MacLean, *The Renaissance Notion of Women*, ouvr. cité, p. 15-20.

142. Quittant à cette seule occasion son rôle de témoin silencieux, dame Hélisenne intervient pour prendre une part active aux débats en interrogeant Raison quant au statut du sexe féminin. Cette réaction du personnage d'Hélisenne face aux propos dépréciatifs concernant la femme s'apparente à celle de l'épistolière de la troisième des *Epistres invectives*, ainsi qu'à celle de la narratrice de la *Cité des dames* de Christine de Pizan.

143. « Vous pareillement, les maris, menez la vie commune avec compréhension, comme auprès d'un être plus fragile, la femme ; accordez-lui sa part d'honneur, comme cohéritière de la grâce de Vie » (1 P 3, 7).

144. Il s'agit d'un renvoi au livre *De Pœnitentia* faussement attribué à saint Augustin (évêque d'Hippone, 354-430 ap. J.-C.). Cet ouvrage est cité dans le *Corpus juris canonici*, dont l'ensemble des textes forment le droit canon, plus spécifiquement dans le *Tractatus De Pœnitentia* (Décret, deuxième partie, cause 33, question 3). À propos de la responsabilité d'Adam, qui serait plus grande que celle d'Ève dans le péché originel, voir A. Blamires, *The Case for Women in Medieval Culture*, ouvr. cité, p. 114 et note 69.

145. Cette interprétation de 1 Tm 14, qui se trouve déjà chez Henri Corneille Agrippa, fait porter une responsabilité plus grande à l'homme lors du péché originel. Voir H. C. Agrippa, *De nobilitate et præcellentia fœminei sexus*, Roland Antonioli *et al.* (éd.), Genève, Droz, 1990, p. 66 et p. 106.

146. Rectifiant d'abord l'affirmation d'Hélisenne, Raison précise que, conformément au texte biblique, l'homme est à l'image de Dieu et non l'image de Dieu (Gen 1, 26-27 ; Gen 9, 6 : Jc 3, 9). Puis, à l'instar d'Hélisenne, Raison associe la femme à l'homme dans sa démonstration de cette assertion. Voir Robert Cottrell, « *Le Songe* d'Hélisenne de Crenne », art. cité, p. 232.

147. « [Le Christ] est l'Image du Dieu invisible » (Col 1, 15).

148. La lecture que Paul (I Co 11, 7) fait du passage de la Genèse (Gn 1, 26-27) au sujet de l'homme créé à l'image de Dieu est commentée par Augustin (*Commentaire du Livre de la Genèse au sens littéral*, XII, 42). Cette interprétation du sens à donner à la préposition « *ad* » se trouve aussi chez Thomas d'Aquin, qui l'aborde dans la question consacrée à l'image de Dieu chez l'homme : « [...] c'est pourquoi l'on dit qu'il y a chez l'homme image de Dieu, non pas parfaite, mais imparfaite. C'est ce que signifie l'Écriture lorsqu'elle dit que l'homme a été fait "à l'image de Dieu" ; la préposition "à" traduit en effet une certaine approximation par rapport à une réalité qui demeure éloignée [...] » (*Somme théologique*, première partie, question 93, article 1, réponse 1). Voir I. MacLean, *The Renaissance Notion of Woman*, ouvr. cité, p. 13.

149. « L'image de l'empereur n'est-elle pas aussi sur la monnaie autrement que dans son fils ? Il y a image de part et d'autre ; mais elle est imprimée différemment sur la monnaie, différemment dans le fils ; il y a aussi sur un sou d'or une autre image de l'Empereur » (Augustin, *Sermon sur les dix cordes* (*Le decachorde ou les dix commandements*), IX, 9).

150. « Et comme la ressemblance parfaite de Dieu ne peut se réaliser que dans l'identité de nature, l'image de Dieu se trouve en son Fils Premier-Né à la façon dont l'image du roi se trouve dans le fils qui a reçu de lui la vie ; tandis que l'image de Dieu est dans l'homme comme dans une nature étrangère, à la façon dont l'image du roi se trouve sur une pièce d'argent, comme l'explique S. Augustin » (Thomas d'Aquin, *Somme théologique*, première partie, question 93, article 1, réponse 2). Voir aussi, dans le même ouvrage, question 35, article 2, réponse 3.

151. « [...] il est dit dans la Genèse (1, 27) : "Dieu créa l'homme à son image". Or, c'est par son âme que l'homme est à l'image de Dieu » (Thomas d'Aquin, *Somme théologique*, première partie, question 90, article 2, objection 3).

152. Augustin, *De trinitate*, livre X, chapitre 11 : « [...] La mémoire, l'intelligence et la volonté sont une seule chose quant à l'essence [...] », et chapitre 12 : « L'âme est l'image de la trinité dans sa mémoire, son intelligence et sa volonté ». Thomas d'Aquin cite Augustin et Pierre Lombard († 1160) à ce propos : « S. Augustin situe l'image de la Trinité dans l'âme au niveau de "la mémoire, de l'intelligence et de la volonté". Mais ces trois réalités, dit Pierre Lombard, sont "les puissances naturelles de l'âme" » (Thomas d'Aquin, *Somme théologique*, première partie, question 93, article 7, objection 3).

153. Dans son premier livre des *Sentences* intitulé « Du mystère de la Trinité », le maître Pierre Lombard explique en quoi l'âme humaine se différencie de la Trinité divine, en dépit de sa ressemblance avec elle (*Sententiarum Libri IV*, livre I, distinction III, chap. 3, 11, 1).

154. « Selon S. Augustin, "là où il y a image, il y a toujours ressemblance, mais là où il y a ressemblance, il n'y a pas toujours image" » (Thomas d'Aquin, *Somme théologique*, première partie, question 93, article 1, réponse 1). « Or certains êtres présentent des ressemblances avec Dieu [...] en tant qu'ils sont sagesse et intelligence. Ces dernières, dit S. Augustin, "sont tellement proches de Dieu par cette ressemblance que rien dans les créatures n'est plus proche de lui". On voit donc bien par là que seules les créatures dotées d'intelligence sont à proprement parler à l'image de Dieu » (Thomas d'Aquin, *Somme théologique*, première partie, question 93, article 2, réponse 1).

155. « [...] c'est dans l'âme de l'Homme, c'est-à-dire dans l'âme raisonnable et intelligente, qu'il faut trouver l'image du Créateur [...]. Donc si elle a été faite à l'image de Dieu en ce sens qu'elle peut user de sa raison ou de son intelligence pour comprendre Dieu et le contempler, il est évident que

dès l'instant qu'elle a commencé à être cette si grande et si merveilleuse nature, elle ne cessera pas de l'être [...] étant capable de connaître la nature souveraine et d'y participer, elle est une grande nature » (Augustin, *De trinitate*, livre XIV, chap. 4, section 6).

156. Raison vient d'expliquer que la ressemblance entre Dieu et l'homme se décline selon trois analogies possibles : premièrement, la tripartition de l'âme correspond à la Trinité divine ; deuxièmement, l'homme est de nature intellectuelle, comme l'est son Créateur ; troisièmement, l'être humain domine la création comme Dieu règne sur l'univers.

157. Dans le deuxième livre des *Sentences*, Pierre Lombard affirme que Dieu a fait l'homme à son image, dominant et possédant toutes créatures (*Sententiarum Libri IV*, livre II, distinction XV, chap. 5 ; voir aussi la distinction XVI, consacrée à la création de l'homme fait à l'image de Dieu).

158. Ce renvoi au *Corpus juris canonici*, doit se lire « trente-troisième cause » plutôt que « vingt-troisième cause », ainsi que l'indique la variante de l'édition **D** (1551). La « cause xxxiii » vise à démontrer que l'homme est le chef de la femme (*Corpus juris canonici*, Décret, deuxième partie, cause 33, question 5, chap. XX).

159. Dans le passage qui suit, Raison propose cinq interprétations possibles de ce que l'on entend par « imaige », de façon à préciser la ressemblance entre Dieu et l'être humain.

160. Il s'agit peut-être d'un renvoi synthétique aux *Soliloques* d'Augustin, dont le sous-titre est *Connaissance de Dieu et de l'âme humaine*. Dans les chapitres 6 et 7, on trouve d'amples considérations sur la nature des ressemblances et sur la valeur des images.

161. Il s'agit vraisemblablement du docteur en théologie Hugues de Saint-Victor († 1141). Le premier livre du *Didascalicon* expose en quoi l'homme est semblable à Dieu. Toutefois, c'est dans la section portant sur « les trois substances », que l'on retrouve l'idée selon laquelle « l'image de ce qui est dans l'esprit humain [...] est l'image de ce qui est dans l'esprit divin » (Hugues de Saint-Victor, *Didascalicon*, Michel Lemoine (trad.), Paris, Éditions du Cerf, 1991, p. 81-82 et 237-238).

162. Selon Cassiodore (~480-~575), l'immortalité et l'unité de l'âme fondent sa ressemblance avec Dieu (*De Anima*, section IV).

163. Ici se terminent les explications au sujet de l'homme créé à l'image de Dieu et du Christ, parfaite image de son père. Suivra le commentaire annoncé à la toute fin du f. H 7 r° concernant le lien de ressemblance avec Dieu, appliqué cette fois à la femme.

164. « L'homme [...] est l'image et la gloire de Dieu ; quant à la femme, elle est la gloire de l'homme » (1 Co 11, 7).

165. « Car ceux que d'avance il a discernés, il les a aussi prédestinés à reproduire l'image de son Fils, afin qu'il soit l'aîné d'une multitude de frères » (Rm 8, 29). Selon une certaine interprétation de saint Paul (que Raison mentionne pour l'infirmer aussitôt), la femme, en tant qu'image de l'homme, lui-même conçu à l'image de Dieu, est ainsi reléguée au second plan, plus éloignée de Dieu, comme le sont ceux qui ne sont pas prédestinés.

166. Après avoir affirmé le principe selon lequel la femme et l'homme sont égaux dans leur ressemblance avec Dieu, Raison va néanmoins énumérer quatre traits de l'homme marquant sa prééminence dans son rapport au Créateur, notamment son emploi « naturel » de la raison. La figure de Raison reviendra toutefois aussitôt à des considérations soulignant en fin de compte l'égalité de tous dans l'amour de Dieu, avant de s'engager dans une défense des mérites de la femme, en réponse aux propos défavorables à celle-ci tenus par Sensualité.

167. Ce renvoi doit se lire « trente-troisième cause » plutôt que « vingt-troisième cause », comme l'indique la variante des éditions **B** et **D**. Voir la note 158.

168. Augustin reconduit l'interprétation classique selon laquelle la création d'Ève à partir de la côte d'Adam préfigure la création de l'Église à partir de la blessure infligée au côté du Christ : « Il fallait, au commencement du genre humain, qu'une côte fût tirée du flanc de l'homme endormi pour en faire une femme ; car c'est là un symbole prophétique de Jésus-Christ et de son Église. Ce sommeil d'Adam était la mort du Sauveur, dont le côté fut percé d'une lance sur la croix, après qu'il eut rendu l'esprit ; il en sortit du sang et de l'eau, lesquels figurent les sacrements, sur lesquels l'Église est édifiée » (Augustin, *Cité de Dieu*, livre XXII, chap. 17 ; voir aussi le sermon *In dedicatione Ecclesiae*, 336, 5). On consultera également les développements qu'A. Blamires consacre à ce sujet dans *The Case for Women in Medieval Culture*, ouvr. cité, p. 99-101.

169. L'assertion selon laquelle l'homme est le chef de la femme, comme Dieu est le chef de l'Église, figure non seulement dans la Bible (1 Co 2, 3), dans le *Décret* de Gratien (6, XV) et chez Jérôme (*Commentaire sur l'Épître de saint Paul à Tite. Livre I*), mais il apparaît aussi dans bon nombre d'argumentaires relatifs à la valeur des sexes (voir Alcuin Blamires, *Women Defamed and Woman Defended*, Oxford, Clarendon Press, 1992, p. 85). Ce *topos* nous rappelle que l'altérité n'est envisageable à l'époque qu'en termes de supériorité ou d'infériorité ; l'égalité n'est pas pensable dans

la différence (Diane Desrosiers-Bonin, « Le Même et l'Autre dans deux recueils de nouvelles de la Renaissance française », *Carrefour*, vol. XVII, n° 2, 1995, p. 86-97).

170. L'allégation selon laquelle la raison est liée à l'homme revient fréquemment dans la Querelle des femmes. Christine de Pizan en fait l'un des enjeux majeurs de sa démonstration dans la *Cité des dames*.

171. À la question 93, article 4, de la première partie de sa *Somme*, Thomas d'Aquin affirme que « l'image de Dieu se trouve aussi bien chez la femme que chez l'homme ». Ce passage du *Songe* suit étroitement la réponse que fournit l'article 4 : « L'image de Dieu dans l'homme pourra donc se vérifier selon trois degrés. D'abord, en ce que l'homme a une aptitude naturelle à connaître et à aimer Dieu ; cette aptitude réside dans la nature même de l'âme spirituelle, laquelle est commune à tous les hommes. Deuxièmement, en ce que l'homme connaît et aime Dieu en acte ou par habitus, quoique de façon imparfaite ; c'est l'image par conformité de grâce. Troisièmement, en ce que l'homme connaît et aime Dieu en acte et de façon parfaite ; c'est ainsi qu'on rejoint l'image selon la ressemblance de gloire ».

172. La référence au quatrième Psaume fait partie du texte de Thomas d'Aquin cité dans la note précédente. Le docteur angélique le commente ainsi : « Aussi, en marge du Psaume (4, 7) : "La lumière de ta face a été imprimée sur nous, Seigneur", la Glose distingue trois sortes d'images : celles de la création, de la récréation et de la ressemblance » (*Somme théologique*, première partie, question 93, article 4).

173. La référence à saint Grégoire et à la quarantième distinction (comme l'indiquent les variantes des versions C et D, et non à la onzième distinction) renvoie au *Corpus juris canonici*, Décret, première partie, distinction 40, causes 9-10. Il s'agit d'un argument traditionnel pour démontrer l'excellence de la femme. Sa supériorité par rapport à l'homme est étayée par le fait qu'Ève fut créée au sein du Paradis tandis qu'Adam le fut hors de ce lieu (voir A. Blamires, *The Case for Women in Medieval Culture*, ouvr. cité, p. 96-97 et 103-104). Cette prérogative de la femme est aussi alléguée chez H. C. Agrippa, *De nobilitate et præcellentia fœminei sexus*, ouvr. cité, p. 54, l. 2-7 et p. 99.

174. « L'homme [...] est l'image et la gloire de Dieu ; quant à la femme, elle est la gloire de l'homme. Ce n'est pas l'homme en effet qui a été tiré de la femme, mais la femme de l'homme ; et ce n'est pas l'homme bien sûr, qui a été créé pour la femme, mais la femme pour l'homme. » (1 Co 11, 7-8 ; voir aussi 1 Co 11, 3 et 9).

175. « À la résurrection, en effet, on ne prend ni femme ni mari, mais on est comme des anges dans le ciel » (Mt 22, 30).

176. « Dans la maison de mon Père, il y a de nombreuses demeures [...] » (Jn 14, 2).

177. « Une étoile même diffère en éclat d'une étoile. Ainsi en va-t-il de la résurrection des morts [...] » (1 Co 15, 41-42).

178. La soumission de Sensualité à Raison entraîne simultanément celle de la Dame, comme le souligne l'indication « Dame reduicte » par laquelle le texte la désigne désormais.

179. Raison s'engage ici dans un long monologue dont le début de chaque partie, signalé par la répétition de la rubrique « Raison » (et sans interlocution de la part d'Hélisenne – ce qui est inhabituel), permet de distinguer les propos se rapportant à chacune des trois vertus morales personnifiées : Chasteté, Charité et Humilité. On observera aux f. K v° et K iii v° un emploi analogue de la rubrique « Raison », afin de distinguer le développement relatif à la « pauvreté » de celui consacré à la description de Diligence et Abstinence.

180. Dans le chapitre 7 du livre de la Sagesse, l'esprit de sagesse est préféré « aux sceptres et aux trônes » et la « richesse [tenue] pour rien au prix de la sagesse ». De la même façon, en regard de cette dernière, l'or « n'est qu'un peu de sable » et l'argent « compte comme pour de la boue » (Sg 7, 8-9).

181. Les trois vertus théologales : foi, espérance et charité (1 Co 13, 13) se distinguent des vertus cardinales (prudence, justice, force ou courage et tempérance) ainsi que des vertus morales. Cette classification des vertus, consacrée par la tradition, remonte au moins à Platon (*République*, IV, 427e-434d et 441c-441d ; *Lois*, I, 631c-631d ; III, 688a-688b ; XII, 963a, 965d). On la retrouve aussi chez Cicéron (*De finibus*, II, 11, 34). Voir H. F. North, « Canons and Hierarchies of the Cardinal Virtues in Greek and Latin Literature », dans *The Classical Tradition. Literary and Historical Studies in Honor of Harry Caplan*, L. Wallach (dir.), Ithaca, Cornell University Press, 1966, p. 174-178. Le qualificatif « cardinales » apparaît beaucoup plus tard, pour la première fois, semble-t-il chez saint Ambroise (D.O. Lottin, « La théorie des vertus cardinales », dans *Mélanges Mandonnet. Études d'histoire littéraire et doctrinale du Moyen Âge*, t. II, Paris, Vrin, 1930, p. 233-259).

182. La référence au « pseaulme .xl. » devrait se lire « pseaulme .xlv. ». Raison attribue les paroles de ce Psaume au roi David, le « royal Prophete » : « Parmi tes bien-aimées sont des filles de roi ; / à ta droite une dame, sous les

ors d'Ophir. / [...] Vêtue de brocarts, la fille de roi est amenée / au-dedans vers le roi, des vierges à sa suite » (Ps 45, 10-15).

183. L'association de la Charité à l'or se trouve chez Thomas d'Aquin, dans son commentaire du Psaume 44 de la Vulgate, qui correspond au numéro 45 dans la version hébraïque.

184. « Celui qui confesse que Jésus est le Fils de Dieu, Dieu demeure en lui et lui en Dieu. Et nous, nous avons reconnu l'amour que Dieu a pour nous, et nous y avons cru. Dieu est amour : celui qui demeure dans l'amour demeure en Dieu et Dieu demeure en lui » (1 Jn 4, 15-16).

185. Le seul passage dans les Psaumes dont la formulation s'apparente à celle que donne Raison est celui-ci : « Moi, j'ai dit : Vous, des dieux, des Fils du Très-Haut, vous tous ? » (Ps 82, 6), mais cette occurrence n'a pas de rapport avec l'idée selon laquelle « l'homme est transformé en Dieu par amour ».

186. « Celui qui cumule les vertus sans humilité est semblable à un homme qui porte de la poussière en plein vent, et qui en est d'autant plus aveuglé qu'il paraît en porter davantage » (saint Grégoire le Grand, *Homélies*, 7, 4).

187. Aristote décrit en ces termes la mutabilité de Fortune : « [...] les fortunes dune mesmement personne sont variables et sont bonnes et puis sont males et apres bonnes. Item males en retournant de maniere de cercle ou de roe » (*Les Ethiques en francoys*, Paris, Antoine Vérard, 1488, f. xv r°).

188. « Il est bien difficile, ou plutôt il est impossible d'être heureux en ce monde et en l'autre ; de goûter dans le ciel les plaisirs de l'esprit après avoir goûté sur la terre les plaisirs des sens ; de voir succéder les délices de la vie future aux douceurs de la vie présente ; d'être le premier homme dans ce monde et le premier saint du paradis ; de jouir des honneurs du siècle et de la gloire de l'éternité » (saint Jérôme (~347-420), *Correspondance*, « Lettre à Julianus »).

189. « Le sacrifice à Dieu, c'est un esprit brisé ; d'un cœur brisé, broyé, Dieu, tu n'as point de mépris » (Ps 51, 19).

190. « Car le pauvre n'est pas oublié jusqu'à la fin, l'espoir des malheureux ne périt pas à jamais » (Ps 9, 19).

191. « Quiconque s'élèvera sera abaissé, et quiconque s'abaissera sera élevé » (Mt 23, 12).

192. « Jésus lui déclara : "Si tu veux être parfait, va, vends ce que tu possèdes et donne-le aux pauvres, et tu auras un trésor dans les cieux ; puis viens, suis-moi" » (Mt 19, 21).

193. « Heureux ceux qui ont une âme de pauvre, car le Royaume des Cieux est à eux » (Mt 5, 3).

194. « A ceste cause je vous prie pour reverence de celluy qui son sans precieux a respandu sur le salutifere boys que de tel cueur me pardonnez [...] » (*Peregrin*, III, f. 294 r°). Il existe diverses traditions hagiographiques concernant saint Matthieu. Selon l'une d'elles, Matthieu aurait été soumis par le roi des Parthes à des tortures et serait mort martyr, répandant son sang à l'instar du Christ.

195. « [...] beaucoup viendront [...] prendre place au festin avec Abraham, Isaac et Jacob dans le Royaume des Cieux [...] » (Mt 8, 11).

196. « C'est dans la foi qu'ils moururent tous sans avoir reçu l'objet des promesses, mais ils l'ont vu et salué de loin, et ils ont confessé qu'ils étaient étrangers et voyageurs sur la terre » (He 11, 13).

197. « Alors, prenant la parole, Pierre lui dit : "Voici que nous, nous avons tout laissé et nous t'avons suivi, quelle sera donc notre part ?" Jésus leur dit : "En vérité je vous le dis, à vous qui m'avez suivi : dans la régénération, quand le Fils de l'homme siégera sur son trône de gloire, vous siégerez vous aussi sur douze trônes, pour juger les douze tribus d'Israël" » (Mt 19, 27-28).

198. Dans le livre IV (distinction 47, chapitre 3, section 3) de son *Commentaire des* Sentences *de Pierre Lombard*, Thomas d'Aquin développe l'idée, inspirée de Jb 36, 6, selon laquelle Dieu installe les pauvres sur le trône des rois « pour siéger à jamais ».

199. Au sujet de la répétition de la rubrique « Raison », on se reportera à la note 179.

200. « Mon retour est proche : tiens ferme ce que tu as, pour que nul ne ravisse ta couronne » (Ap 3, 11).

201. Il s'agit d'une paraphrase de Thomas d'Aquin au sujet de la « couronne de gloire », évoquée dans une discussion sur la prédestination : « La couronne peut appartenir à quelqu'un de deux façons : soit en raison de la prédestination divine, et ainsi nul ne perd sa couronne. Soit en raison d'un mérite de grâce, car ce que nous méritons est en quelque façon nôtre. Ainsi un homme peut perdre sa couronne par un péché mortel postérieur. Mais un autre reçoit la couronne perdue, en ce sens qu'il est substitué au premier. Dieu en effet ne permet pas que les uns tombent sans en élever d'autres [...]. C'est ainsi que les hommes ont été substitués aux anges déchus, et les païens aux Juifs » (*Somme théologique*, première partie, question 23, article 6, solution l).

202. Selon les Actes des Apôtres, Matthias est celui qui a remplacé Judas (Ac 1, 23-26).

203. « Veillez et priez pour ne pas entrer en tentation [...] » (Mc 14, 38).

204. « Dieu est fidèle ; il ne permettra pas que vous soyez tentés au-delà de vos forces ; mais avec la tentation, il vous donnera le moyen d'en sortir et la force de la supporter » (1 Co 10, 13).

205. Dans cette phrase, le verbe « est » est probablement sous-entendu avant « par default ».

206. « Ne me rejette pas au temps de ma vieillesse, quand décline ma vigueur, ne m'abandonne pas » (Ps 71, 9).

207. « Regarde, réponds-moi, Yahvé mon Dieu ! Illumine mes yeux, que dans la mort je ne m'endorme. Que mon ennemi ne dise : "Je l'emporte sur lui" » (Ps 13, 4-5).

208. Parmi les dits attribués à Thalès de Milet (~625-~546 av. J.-C.), on trouve l'apophtegme selon lequel il faut savoir tenir sa langue : « Le trop parler n'est pas marque d'esprit » (Diogène Laërce, « Thalès », dans *Vies, doctrines et sentences des philosophes illustres*). « Mettre frein en sa bouche » est cependant un conseil constamment prodigué à la femme (voir par exemple *Le Mesnagier de Paris*, Georgina E. Brereton et Janet M. Ferrier (éd.), Paris, Librairie générale française, « Le Livre de poche ; Lettres gothiques », 1994, p. 308 et 310).

209. « Il est écrit : "Ce n'est pas de pain seul que vivra l'homme, mais de toute parole qui sort de la bouche de Dieu" » (Mt 4, 3).

210. « Dieu, crée pour moi un cœur pur [...] » (Ps 51, 12).

211. « Heureux les cœurs purs, car ils verront Dieu » (Mt 5, 8).

212. Cette façon de désigner la Dame est annoncée au f. I 5 v° (voir la note 178).

213. « Yahvé se plaît en ceux qui le craignent, en ceux qui espèrent son amour » (Ps 147, 11).

214. La convergence de l'action combinée de la grâce divine et de la volonté humaine dans la recherche du salut rappelle les propositions relatives au synergisme que l'on retrouve notamment chez Rabelais. Voir les notes 132 et 135.

215. Ainsi qu'Hélisenne le souligne à diverses reprises dans la première partie du roman (*Angoysses*, p. 116, 132, 196), la femme est particulièrement vulnérable aux effets néfastes de la médisance et de la détraction. Toutefois, contrairement au roman où le doute plane constamment quant au bien-fondé

de ce que l'on colporte, l'intervention de Vérité vient chasser dans le *Songe* toute présomption de culpabilité de la Dame.

216. « Je vous laisse la paix ; c'est ma paix que je vous donne [...] » (Jn 14, 27).

217. « Voyez quelle manifestation d'amour le Père nous a donnée pour que nous soyons appelés enfants de Dieu. Et nous le sommes ! Si le monde ne nous connaît pas, c'est qu'il ne l'a pas connu. Bien-aimés, dès maintenant, nous sommes enfants de Dieu, et ce que nous serons n'a pas encore été manifesté » (1 Jn 3, 1-2).

218. « Car la création en attente aspire à la révélation des fils de Dieu : si elle fut assujettie à la vanité, [...] c'est avec l'espérance d'être elle aussi libérée de la servitude de la corruption pour entrer dans la liberté de la gloire des enfants de Dieu » (Rm 8, 19-21).

219. La source paulinienne de ce passage reste introuvable. Seuls 2 Co 13, 11 et Rm 12, 18 s'en rapprochent quelque peu.

220. « En paix, tout aussitôt, je me couche et je dors : c'est toi, Yahvé, qui m'établis à part, en sûreté » (Ps 4, 9).

221. Cette référence au lieu où, dans les *Angoysses*, le personnage d'Hélisenne fut enfermé (*Angoysses*, p. 213, 425, 431, 435, 451, 453, 459) confirme les parallèles déjà suggérés entre la narratrice du *Songe* et le personnage du roman.

222. Cette construction de la proposition infinitive fait l'ellipse de l'auxiliaire « avoir ».

BIBLIOGRAPHIE

Pour une bibliographie récente concernant l'ensemble des textes d'Hélisenne de Crenne, on se reportera aux titres qui figurent à la fin de l'ouvrage *Hélisenne de Crenne. L'écriture et ses doubles* (Paris, Honoré Champion, 2004). Ne sont répertoriées ici que les références bibliographiques des livres et des articles cités.

Textes d'Hélisenne de Crenne

CRENNE, Hélisenne de, *Les Angoysses douloureuses qui procedent d'amours*, édition critique établie, présentée et annotée par Christine de BUZON, Paris, Honoré Champion, coll. « Textes de la Renaissance », 1997.

CRENNE, Hélisenne de, *Les Angoysses douloureuses qui procèdent d'amours (1538). Première partie*, édition critique par Paule DEMATS, Paris, Les Belles Lettres, coll. « Les Annales littéraires de l'Université de Nantes », 1968.

CRENNE, Hélisenne de, *Les Epistres familieres et invectives*, édition critique commentée par Jerry C. NASH, Paris, Honoré Champion, coll. « Textes de la Renaissance », 1996.

CRENNE, Hélisenne de, *Les Epistres familieres et invectives de ma dame Helisenne,* édition critique de Jean-Philippe BEAULIEU avec la collaboration de Hannah FOURNIER, Montréal, Presses de l'Université de Montréal, 1995.

CRENNE, Hélisenne de, *Les Œuvres de ma Dame Helisenne de Crenne* [Paris, Estienne Grouleau, 1560 ; contient *Les Angoysses douloureuses qui procedent d'amours, Les Epistres familieres et invectives* et *Le Songe de ladicte Dame*], Genève, Slatkine Reprints, 1977.

CRENNE, Hélisenne de, *Les Quatre premiers livres des Eneydes,* Paris, Denis Janot, 1541.

CRENNE, Hélisenne de, *Songe (1541)*, édition modernisée par Jean-Philippe BEAULIEU, Paris, Indigo & Côté-femmes, 1995.

CRENNE, Hélisenne de, *Le Songe de Madame Helisenne*, traduit par Lisa NEAL, dans *Writings by Pre-Revolutionary French Women. From*

Marie de France to Elizabeth Vigée-Le Brun, Anne R. LARSEN et Colette H. WINN (dir.), New York/Londres, Garland, 2000, p. 63-105.

Études critiques

BAUSCHATZ, Cathleen M., « Travestissement textuel dans la "Seconde Partie" des *Angoysses Douloureuses* », dans *Hélisenne de Crenne. L'écriture et ses doubles*, Jean-Philippe BEAULIEU et Diane DESROSIERS-BONIN (dir.), Paris, Honoré Champion, 2004, p. 55-70.

BEAULIEU, Jean-Philippe, « Où est le héros ? La vacuité de la quête chevaleresque dans les *Angoysses douloureuses* d'Hélisenne de Crenne », dans *Héroïsme et démesure dans la littérature de la Renaissance. Les avatars de l'épopée*, Denise ALEXANDRE (dir.), Saint-Étienne, Publications de l'Université de Saint-Étienne, 1998, p. 135-145.

BEAULIEU, Jean-Philippe, « Tripartitions dans l'œuvre d'Hélisenne de Crenne », dans *Hélisenne de Crenne. L'écriture et ses doubles*, Jean-Philippe BEAULIEU et Diane DESROSIERS-BONIN (dir.), Paris, Honoré Champion, 2004, p. 251-263.

BEAULIEU, Jean-Philippe et Diane DESROSIERS-BONIN, « Allégorie et épistolarité : les jetées de l'érudition féminine chez Hélisenne de Crenne », *Revue d'histoire littéraire de la France*, vol. XCIX, n° 6, 1999, p. 1155-1167.

BEAULIEU, Jean-Philippe et Diane DESROSIERS-BONIN, « Les jeux du même, de l'autre et du multiple chez Hélisenne de Crenne », dans *Hélisenne de Crenne. L'écriture et ses doubles*, Jean-Philippe BEAULIEU et Diane DESROSIERS-BONIN (dir.), Paris, Honoré Champion, 2004, p. 9-17.

BUZON, Christine de, « Roman et style piteux : *Les Angoysses douloureuses qui procedent d'amours* (1538) », dans *Mazi rádky/Entre les lignes. Mélanges J. Pechar*, Prague, Académie des sciences, 1999, p. 267-302.

COTTRELL, Robert D., « *Le Songe* d'Hélisenne de Crenne », dans *Hélisenne de Crenne. L'écriture et ses doubles*, Jean-Philippe BEAULIEU et Diane DESROSIERS-BONIN (dir.), Paris, Honoré Champion, 2004, p. 217-240 [publié en anglais sous le titre « Hélisenne de Crenne's *Le Songe* », dans *Women Writers in Pre-Revolutionary France. Strategies of Emancipation*, Colette H. WINN et Donna KUIZENGA (dir.), New York/Londres, Garland, 1997, p. 189-206].

DESROSIERS-BONIN, Diane, « L'architecture exégétique du *Songe* d'Hélisenne de Crenne », dans *Hélisenne de Crenne. L'écriture et ses doubles*, Jean-Philippe BEAULIEU et Diane DESROSIERS-BONIN (dir.), Paris, Honoré Champion, 2004, p. 241-250.

INCARDONA, Janine, « *Les Angoysses douloureuses qui procedent d'amours*, une vision ambiguë de l'amour », *Renaissance, Humanisme, Réforme*, vol. XXII, n° 42, juin 1996, p. 7-28.

NASH, Jerry C., « "Si oncq' lettres ou parolles [...] eurent vigueur et puissance de pouvoir prester salut" : Writing as Therapy in Helisenne de Crenne », dans *Parcours et rencontres. Mélanges de langue, d'histoire et de littérature française offerts à Enea Balmas*, Anna Maria RANGER, Michel SIMONIN *et al.* (dir.), Paris, Klincksieck, 1993, p. 519-526.

RANDALL, Catharine, « "L'argent" vif dedans la statue mobile : musique, mouvement et mutabilité chez Hélisenne de Crenne », dans *Hélisenne de Crenne. L'écriture et ses doubles*, Jean-Philippe BEAULIEU et Diane DESROSIERS-BONIN (dir.), Paris, Honoré Champion, 2004, p. 123-130.

WINN, Colette H., « La symbolique du regard dans les *Angoysses douloureuses qui procedent d'amours* d'Hélisenne de Crenne », *Orbis litterarum*, vol. XL, n° 3, 1985, p. 207-221.

WOOD, Diane Sylvia, « Dido as a Paradigm of the Tragic Heroine in the Works of Helisenne de Crenne », *South-Central Renaissance Conference. Explorations in Renaissance Culture*, n° 18, 1992, p. 125-136.

WOOD, Diane Sylvia, *Hélisenne de Crenne. At the Crossroads of Renaissance Humanism and Feminism*, Madison (Wisconsin) et Teaneck (New Jersey)/Londres, Fairleigh Dickinson University Press/Associated University Presses, 2000, 186 p.

Œuvres de l'Antiquité, du Moyen Âge et de la Renaissance

AGRIPPA VON NETTESHEIM, Heinrich Cornelius, *De nobilitate et præcellentia fœminei sexus*, Roland ANTONIOLI *et al.* (éd.), Genève, Droz, 1990.

ARISTOTE, *Les Ethiques en francoys*, Paris, Antoine Vérard, 1488.

Bible des poetes, Paris, A. Vérard, 1498.

Bible en francoiz, Paris, A. Vérard [vers 1507].

BOCCACE, *Flammette. Complainte des tristes amours de Flammette a son amy Pamphile*, Lyon, Claude Nourry, 1532.

BOUCHET, Jean, *Les Angoysses et remedes damours*, Poitiers, Jean et Enguilbert de Marnef, 1536.

CHAMPIER, Symphorien, *La Nef des dames vertueuses*, Paris, J. Lagarde, 1515.

CHRISTINE DE PIZAN, *The « Livre de la cite des dames » of Christine de Pisan. A Critical Edition*, Maureen CURNOW (éd.), thèse de doctorat, Nashville, Vanderbilt University, 1975.

CHRISTINE DE PIZAN, *Le Livre de l'advision Cristine*, Christine RENO et Liliane DULAC (éd.), Paris, Honoré Champion, 2001.

CHRISTINE DE PIZAN, *Le Livre des trois vertus*, Charity CANNON WILLARD et Eric HICKS (éd.), Paris, Champion, 1989.

CHRISTINE DE PIZAN. *Le Livre du chemin de long estude*, Robert PÜSCHEL (éd.), Genève, Slatkine Reprints, 1974 [1887].

CAVICEO, Jacopo, *Dialogue treselegant intitule le Peregrin*, François d'Assy (trad.), Paris, [J. André], 1535.

COLONNA, Francesco, *Le Songe de Poliphile* [Jean Martin (trad.), Paris, Kerver, 1546], Gilles POLIZZI (éd.), Paris, Imprimerie nationale, 2004.

Exposicions et significacions des songes et Les Songes Daniel, François BERRIOT (éd.), Genève, Droz, 1989.

FERRAND, Jacques, *A Treatise on Lovesickness*, Donald BEECHER et Massimo CIAVOLELLA (éd. et trad.), Syracuse (New York), Syracuse University Press, 1990.

FLORE, Jeanne. *Les Contes amoureux par Madame Jeanne Flore*, Régine REYNOLDS-CORNELL (éd.), Saint-Étienne, Publications de l'Université de Saint-Étienne, 2005.

Le Grand Olympe des hystoires poetiques, Lyon, Denis de Harsy, 1532.

GUILLAUME DE LORRIS et JEAN DE MEUN, *Le Roman de la rose*, Armand STRUBEL (éd.), Paris, Librairie générale française, « Le Livre de poche ; Lettres gothiques », 1992.

HUGUES DE SAINT-VICTOR, *Didascalicon*, Michel LEMOINE (trad.), Paris, Éditions du Cerf, 1991.

LABÉ, Louise, *Œuvres complètes*, François Rigolot (éd.), Paris, Flammarion, 1986.

LAËRCE, Diogène, *Vie, doctrines et sentences des philosophes illustres I*, Robert GENAILLE (trad.), Paris, Garnier-Flammarion, 1965.

LEMAIRE DE BELGES, Jean, *Les Illustrations de Gaule et singularitez de Troye*, dans *Œuvres*, J. STECHER (éd.), Genève, Slatkine Reprints, 1963 [1882-1885].

Les Livres du roy Modus et de la royne Ratio, Gunnar TILANDER (éd.), Paris, Société des anciens textes français, 1932, 2 vol.

MARCONVILLE, Jean de, *De la bonté et mauvaiseté des femmes* [1564], Paris, Côté-femmes, 1991.

MAROT, Clément, *Œuvres poétiques complètes*, Gérard DEFAUX (éd.), Paris, Bordas, 1993, 2 vol.

Le Mesnagier de Paris, Georgina E. BRERETON et Janet M. FERRIER (éd.), Paris, Librairie générale française, « Le Livre de poche ; Lettres gothiques », 1994.

SÉNÈQUE, *Des motz dorez des quatre vertus en francois*, Paris, Antoine Vérard, s.d.

Autres ouvrages (livres et articles) cités

Actualité de Jeanne Flore, Diane DESROSIERS-BONIN et Éliane VIENNOT (dir.) avec la collaboration de Régine REYNOLDS-CORNELL, Paris, Honoré Champion, 2004.

ALEXANDRE, Patrice *et al.*, *Hypnerotomachia Poliphili ou : le songe de Poliphile le plus beau livre du monde. Venise 1499/Paris 1546*, Auxerre, Bibliothèque municipale d'Auxerre, 2000.

AMAT, Jacqueline, *Songes et visions. L'au-delà dans la littérature latine tardive*, Paris, Études augustiniennes, 1985.

ANGELI, Giovanna, « Le type-cadre du songe dans la production des Grands Rhétoriqueurs », dans *Les Grands Rhétoriqueurs*, Milan, Vita e pensiero, 1985, p. 7-20.

ANGENOT, Marc, *Les Champions des femmes. Examen du discours sur la supériorité des femmes. 1400-1800*, Montréal, Les Presses de l'Université du Québec, 1977.

ARIÈS, Philippe, *L'Enfant et la vie familiale sous l'Ancien Régime*, Paris, Seuil, 1973.

BADEL, Pierre-Yves, *Le Roman de la Rose au XIVe siècle. Étude de la réception de l'œuvre*, Genève, Droz, 1980.

BERRIOT-SALVADORE, Évelyne, *Un corps, un destin. La femme dans la médecine de la Renaissance*, Paris, Honoré Champion, 1993.

BLAMIRES, Alcuin, *The Case for Women in Medieval Culture*, Oxford, Clarendon Press, 1997.

BLAMIRES, Alcuin, *Women Defamed and Woman Defended*, Oxford, Clarendon Press, 1992.

BOUQUET, Jean, *Le Songe dans l'épopée latine d'Ennius à Claudien*, Bruxelles, Éditions Latomus, 2001.

BRAET, Herman, *Le Songe dans la chanson de geste au XIIe siècle*, Gand, Romanica Gandensia, 1975.

BROOMHALL, Susan, « Tracing the Fortune of Lady Reason in the Sixteenth Century: Representation in Women's Prose Literature », *Nottingham French Studies* (« Fortune and Women in Medieval Literature », Catherine ATTWOOD (dir.)), vol. XXXVIII, n° 2, 1999, p. 159-169.

CARRÉ, Yannick, *Le Baiser sur la bouche au Moyen Âge : rites, symboles, mentalités à travers les textes et les images, XIe-XVe siècles*, Paris, Le Léopard d'Or, 1992.

CHANTRAINE, Georges, *Érasme et Luther. Libre et serf arbitre. Étude historique et théologique*, Paris/Namur, Éditions Lethielleux/Presses universitaires de Namur, 1981.

CIAVOLELLA, Massimo, « Eros and the Phantasms of *Hereos* », dans *Eros and Anteros. The Medical Traditions of Love in the Renaissance*, Donald A. BEECHER et Massimo CIAVOLELLA (dir.), Ottawa, Dovehouse Editions, 1992, p. 75-85.

COOPER, Richard, « Bibliographie sommaire d'ouvrages sur le songe publiés en France et en Italie jusqu'en 1600 », dans *Le Songe à la Renaissance*, Françoise CHARPENTIER (dir.), Saint-Étienne, Institut d'études de la Renaissance et de l'Âge classique/Université de Saint-Étienne, 1990, p. 255-271.

CORNILLIAT, François, « Aspects du songe chez les derniers rhétoriqueurs », *Renaissance, Humanisme, Réforme*, vol. XIII, n° 25, 1987, p. 17-37.

CURTIUS, E.R., *La Littérature européenne et le Moyen Âge latin*, Paris, PUF, 1956, 2 vol.

DEMERSON, Guy, « Mercure dans la mythographie de la Renaissance », dans *Mercure à la Renaissance*, Claudie BALAVOINE *et al.* (dir.), Paris, Honoré Champion, 1988, p. 7-10.

DESROSIERS-BONIN, Diane, « Le Même et l'Autre dans deux recueils de nouvelles de la Renaissance française », *Carrefour*, vol. XVII, n° 2, 1995, p. 86-97.

DESROSIERS-BONIN, Diane, « Le *Songe de Scipion* et le commentaire de Macrobe à la Renaissance », dans *Le Songe à la Renaissance*, Françoise CHARPENTIER (dir.), Saint-Étienne, Institut d'études de la Renaissance et de l'Âge classique/Université de Saint-Étienne, 1990, p. 71-81.

DUMORA, Florence, *L'Œuvre nocturne. Songe et représentation au XVIIe siècle*, Paris, Honoré Champion, 2005.

FONTAINE, Guylaine, « "Des bouts du cœur et de la fantaisie". Amour et imagination dans la fiction des femmes écrivains de la première moitié du XVIe siècle », *Littératures* (« L'Écriture des femmes à la Renaissance » ; Diane DESROSIERS-BONIN (dir.)), n° 18, 1998, p. 133-150.

HYDE, Thomas, *The Poetic Theology of Love. Cupid in Renaissance Literature*, Newark/Londres/Toronto, University of Delaware Press/Associated University Presses, 1986.

KEM, Judy, « Definition of Prudence », dans *Jean Lemaire de Belge's* Les Illustrations de Gaule et singularitez de Troye. *The Trojan Legend in the Late Middle Ages and Early Renaissance*, New York/Berne/Berlin, Peter Lang, 1994, p. 91-94.

KLIBANSKY, Raymond, Erwin PANOFSKY et Fritz SAXL, *Saturne et la mélancolie*, Paris, Gallimard, 1989.

LÉGASSE, Simon, « Songes-rêves. I. Écriture sainte », dans *Dictionnaire de spiritualité ascétique et mystique. Doctrine et histoire*, t. XIV, Paris, Beauchesne, 1990, p. 1054-1060.

LE GOFF, Jacques, « Le christianisme et les rêves (IIe-VIIe siècles) », dans *I Sogni nel medioevo*, Tullio GREGORY (dir.), Rome, Edizioni dell'Ateneo, 1985, p. 171-218.

LOTTIN, D. O., « La théorie des vertus cardinales », dans *Mélanges Mandonnet. Études d'histoire littéraire et doctrinale du Moyen Âge*, t. II, Paris, Vrin, 1930, p. 233-259.

MALENFANT, Marie-Claude, *Argumentaires de l'une et l'autre espèce de femme. Le statut de l'*exemplum *dans les discours littéraires sur la femme (1500-1550)*, Québec, Les Presses de l'Université Laval, 2003.

MARCHELLO-NIZIA, Christiane, « La rhétorique des songes et le songe comme rhétorique dans la littérature française médiévale », dans *I Sogni nel medioevo*, Tullio GREGORY (dir.), Rome, Edizioni dell'Ateneo, 1985, p. 245-259.

MACLEAN, Ian, *The Renaissance Notion of Women*, Cambridge, Cambridge University Press, 1980.

NORTH, H. F., « Canons and Hierarchies of the Cardinal Virtues in Greek and Latin Literature », dans *The Classical Tradition. Literary and Historical Studies in Honor of Harry Caplan*, L. WALLACH (dir.), Ithaca, Cornell University Press, 1966, p. 174-178.

PEDEN, Alison M., « Macrobius and Mediaeval Dream Literature », *Medium Aevum*, vol. LIV, n° 1, 1985, p. 59-73.

RAWLES, Stephen P. J., *Denis Janot, Parisian Printer & Bookseller (1529-1544) : A Bibliographical Study*, thèse de doctorat, Coventry, University of Warwick, 1976.

RÉACH-NGÔ, Anne, « De l'espace du livre à l'espace de l'œuvre : la consécration du fait littéraire à la Renaissance », dans *Le Livre et ses espaces multiples*, Marc Perelman et Alain Milon (dir.), Paris, Presses universitaires de Paris 10, à paraître.

RÉACH-NGÔ, Anne, *La Mise en livre des narrations de la Renaissance. Écriture éditoriale et herméneutique de l'imprimé*, thèse de doctorat, Paris, Université de Paris IV-Sorbonne, 2005.

SCREECH, M. A., *L'Évangélisme de Rabelais. Aspects de la satire religieuse au XVIe siècle, Études rabelaisiennes*, t. II, « Travaux d'Humanisme et Renaissance », n° XXXII, Genève, Droz, 1959.

SEARS, Elizabeth, *The Ages of Man : Medieval Interpretations of the Life Cycle*, Princeton, Princeton University Press, 1986.

Songes de la Renaissance, Françoise JOUKOVSKY (éd.), Paris, Christian Bourgois, 1991.

Songes et songeurs (XIIIe-XVIIIe siècle), Nathalie DAUVOIS et Jean-Philippe GROSPERRIN (dir.), Québec, Les Presses de l'Université Laval, 2003.

SPEARING, A. C., *Medieval Dream-Poetry*, Cambridge, Cambridge University Press, 1976.

VAGANAY, Hugues, *Amadis en français*, Genève, Slatkine, 1970 [1906].

GLOSSAIRE

Accommodé. Convenable, riche.
Accoustré. Habillé.
Accoustrement. Habillement.
Acerbe. Cruel, pénible.
Admiration. Surprise, étonnement.
Admonnester. Exhorter, conseiller.
Adnichiler. Réduire à néant.
Adolorer. Affliger.
Adresser (s' -). Se diriger.
Affection. Émotion, passion, désir.
Affectueusement. Ardemment, avec passion.
Aliené de. Privé de.
Aliener. Éloigner, écarter.
Altissime. Très haut.
Altitonant. Qui tonne d'en haut.
Amaritude. Amertume, chagrin, douleur.
Ambrosien. Tiré de l'ambroisie.
Angustie. Angoisse.
Angustié. Malheureux.
Angustier. Angoisser, rendre malheureux.
Angustieux. Angoissant, douloureux.
Anticiper. Interrompre.
Apertement. Clairement.
Approuver. Éprouver, faire la preuve.
Aquision. Acquisition.
Ascripre. Attribuer.
Assiduelement. Continuellement.
Assister. Être présent.
Associer. Accompagner.
Attediation. Ennui.
Attedier. Ennuyer, fâcher.
Attractive. Attrayante.
Aulcun. Quelque, quelqu'un.
Aulcunement. Quelque peu.
Aulcunesfois. Quelquefois.

Bailler. Donner.
Banirée. Munie d'une bannière.
Bellicque. Guerrier.
Brodure. Broderie.
Bruict. Réputation.

Caduceateur. Messager.
Calamiteux. Misérable, malheureux.
Candide. Blanc.
Castigation. Punition.
Celer. Cacher.
Celestielle. Céleste.
Certiorer. Informer sûrement.
Circondée. Entourée.
Circonjacent. Situé autour.
Circonvention. Tromperie, ruse.

Citibonde. Altéré, ayant soif.
Claritude. Lueur, éclat.
Cler voire. Claire-voie.
Commouvoir. Mouvoir, émouvoir.
Comparoir. Paraître, comparaître.
Condigne. Juste, mérité.
Confidence. Confiance.
Confus. Réduit à l'impuissance.
Congreger. Assembler, réunir.
Consigner. Remettre, envoyer.
Consor. Compagnon.
Contemnement. Mépris, dédain.
Contemner. Mépriser, dédaigner.
Contemneur. Celui qui méprise.
Contentieux. Querelleur, objet de querelle.
Contrister (se -). S'affliger, s'attrister.
Controuver. Imaginer.
Contumelie. Injure, outrage.
Convenient. Commode.
Coralin. Rouge comme le corail.
Coulpe. Faute. *Sans sa coulpe*. Sans être coupable, responsable.
Cours. Course.
Creté. Dentelé.
Cruciement. Tourment, supplice.
Crucier. Tourmenter, torturer.
Crudelité. Cruauté.

Deceptif. Trompeur.
Decevoir. Tromper.
Declination. Diminution.
Deificque. Divin.
Delection (voir *Dilection*).
Deliberer (se -). Se décider.
Demonstrance. Signe, preuve, démonstration.
Departie. Séparation, départ.
Deporter (se -). S'abstenir.
Deprimer. Déprécier.
Derelinquer. Délaisser, abandonner.
Descongnoissance. Ingratitude.
Deserte. Mérite, récompense.
Deservir. Mériter.
Desesperation. Désespoir.
Despriser. Mépriser, déprécier.
Destituer. Priver.
Dilation. Délai, retard.
Dilection. Plaisir.
Dissipateur. Gaspilleur, ravageur.
Dissiper. Anéantir, abattre.
Distinguer (en rapport avec le regard). Détourner.
Distinguer (se -). Se poser.
Distraire (se -). Se détourner.
Divulguer (se -). Se faire connaître.
Dol. Tromperie.
Dubitable. Douteux.
Duisible. Convenable.

Efforceuse. Qui contraint, fait violence.
Effusement. Avec effusion.
Enferreur. Harponneur.
Enflambement. Embrasement.

Engin. Esprit.
Enluminer. Éclairer.
Ententif. Attentif.
Ententivement. Attentivement.
Entrechangeantes. Qui change en faisant alterner.
Enucléer. Expliquer, révéler.
Equiparable. Comparable.
Equiparer. Comparer.
Estouper. Boucher, fermer.
Evader. Fuir, éviter.
Exagiter. Tourmenter, poursuivre.
Excogiter. Imaginer, inventer.
Exoculée. Aveuglée.
Exorer. Prier, supplier.
Expresse (du verbe *exprimer* : extraire par pression).
Expugner. Conquérir, vaincre.
Extoller. Vanter, célébrer.

Fiens. Fientes.
Finablement. Finalement.
Fortitude. Courage, fermeté.
Fruition. Jouissance.

Illustrer. Éclairer.
Immundicité. Impureté.
Impecable. Sans péché.
Impetrer. Obtenir, demander.
Improperer. Imputer, accuser.
Incorrupte. Qui n'a pas été corrompue.
Increper. Faire des reproches, blâmer.
Infelice. Malheureux.
Inférer. Causer, apporter.
Innumerable. Innombrable.
Inquietitude. Inquiétude.
Insidiation. Piège.
Insidiatrice. Qui tend des pièges.
Intellecture. Compréhension.
Intriquer. Compliquer, embrouiller.

Lachrimes. Larmes.
Laqs. Lacs, filets.
Lassus. Là-haut.
Latitée. Cachée.
Latiter. Cacher, dissimuler.
Letification. Réjouissance.
Letifier (se -). Se réjouir.

Medicamente. Qui procure un soulagement.
Melliflue. Douce, harmonieuse.
Mitiguer. Apaiser, adoucir.
Mortifere. Mortel.
Muliebre. Féminin.
Mundicité. Pureté.

Oblivion. Oubli.
Obsecrer. Supplier.
Obtenebré. Obscurci.
Obvier à. Faire obstacle à, aller à l'encontre de.
Ociosité. Oisiveté.
Oppresse. Oppression.
Ordir. Souiller.

Peregrin. Voyageur.
Phisicien. Médecin.

Precipitation. Malheur.
Precipiter (se -). S'anéantir.
Precipiteux. Malheureux.
Preclaire. Brillant, illustre.
Premiation. Récompense.
Premié. Récompensé.
Preterit. Passé, antérieur.
Preteritement. Dans le passé.
Principiateur. Celui qui donne principe (qui commence).
Pristine. Primitif, d'antan.
Prononciation. Discours prononcé.
Propiner. Donner, procurer.
Provoir. Pourvoir.
Pulchritude. Beauté.

Quise (du verbe quérir). Recherchée, acquise.

Recogiter. Considérer.
Recorder. Rappeler.
Reduire à (se-). Se soumettre à l'influence de.
Refociler (se -). Se reposer, se réconforter.
Refrigeration, refrigere. Soulagement, rafraîchissement.
Reluscence. Éclat, splendeur.
Repulser. Repousser.
Revocquer. Faire revenir.

Sagette. Flèche.
Sallade. Casque d'origine milanaise.
Salutifere. Salutaire.
Salvation. Salut.
Scaturie. Source.
Scaturier. Sourdre.
Scelere. Scélérat.
Scintille. Étincelle.
Seignorier. Dominer, gouverner.
Sequestre. Éloignement.
Sequestrer. Écarter, éloigner.
Sequestrer (se -). S'éloigner.
Sidéré. Céleste, en rapport avec les astres.
Soulacier (se -). Se divertir.
Specieux. Beau.
Speciosité. Beauté.
Speculation. Observation.
Speculer. Voir, considérer.
Splendissant. Resplendissant.
Stellifier. Transformer en étoile.
Suasions. Conseils, exhortations.
Submettre. Soumettre.
Supediter. Vaincre, soumettre.
Superante. Supérieure, irrésistible.
Superer. Dominer, surpasser.
Supernel. Haut, céleste, suprême.

Taisible. En état de se taire.
Tedier. Ennuyer.
Temperement. De manière tempérée, modérée.
Timeur. Crainte.
Timide. Craintif.
Traditeur. Traître.
Transfixer. Transpercer.

Transmettre (se-). Se déplacer.
Transmigrer. Envoyer, faire parvenir.
Transmigrer (se-). Se déplacer.
Tremeur. Peur.
Triplicite. Triple.

Vendition. Vente.
Veneficque. Meurtrier, toxique.
Venuste. Belle.
Venusté. Beauté.
Vergonneux. Honteux.
Vindication. Vindicte.
Vituperable. Blâmable.
Vulneration. Blessure.
Vulnerer. Blesser.

Yssir. Sortir.

INDEX DES NOMS DU *SONGE*

TABLE DES MATIÈRES

COLLECTION
« TEXTES DE LA RENAISSANCE »

Éditions critiques de tous imprimés et manuscrits de la Renaissance : œuvres complètes d'auteurs, textes rares et inédits, regroupements par séries qui font sens. Rigoureux établissement du texte et scrupuleuses annotations pour une mise en contextes générique et historique qui tient compte des derniers développements de la recherche.

Retrouvez tous les titres de la collection en scannant ce code QR :

Et pour recevoir nos dernières actualités, abonnez-vous ici :